INTRODUCTION À L'HISTOIRE
DE L'OCCIDENT MÉDIÉVAL

CATHERINE VINCENT

INTRODUCTION
À L'HISTOIRE
DE L'OCCIDENT
MÉDIÉVAL

LE LIVRE DE POCHE

pour Benoît,
Annelise,
Anne-Cécile
et Marc-Olivier,
mes filleuls.

© Librairie Générale Française 1995.
ISBN : 978-2-253-90516-5 – 1re publication LGF

Introduction

UN ÂGE INTERMÉDIAIRE ?...

Le Moyen Age, l'une des quatre périodes de l'histoire

Notre époque n'est guère en peine pour qualifier de « moyenâgeux » ce qu'elle juge archaïque et qui relève à ses yeux d'un temps désormais révolu ; l'adjectif acquiert alors une nuance péjorative dont est dépourvu son synonyme « médiéval », plus scientifique. Mais ne serait-elle pas davantage embarrassée pour situer avec précision la période que désigne cette appellation commode à défaut d'être équitable ? La tradition académique la place après l'Antiquité et avant les temps modernes (XVIᵉ-XVIIIᵉ siècles), eux-mêmes suivis de l'époque contemporaine (XIXᵉ et XXᵉ siècles). Le Moyen Age couvre donc une durée de dix siècles, entre la fin de l'Empire romain en Occident et sa chute en Orient, un millénaire plus tard.

Une fois énoncée cette affirmation sur laquelle tout le monde s'accorde, il devient plus délicat d'assigner aux temps médiévaux des bornes plus précises. Quand faut-il introduire la coupure avec l'Antiquité ? Dès le sac de Rome par le Wisigoth Alaric en 410 et la constitution des premiers royaumes germaniques, wisigoth en Espagne et en Aquitaine, vandale en Afrique du Nord ?... Ou, plus tard, à la fin du Vᵉ siècle, en 476, lorsque Odoacre, chef barbare à la tête de l'armée romaine d'Italie, dépose le dernier empereur d'Occident, alors que le titre impérial continue à être porté en Orient, dans ce monde qui se définit comme unique héritier de la romanité et qui se mue progressivement en un Empire byzantin ? La fin pourrait sembler plus commode à déterminer. Si l'on conserve la référence au passé, à l'Antiquité romaine, il convient de retenir la date de 1453, année de la prise de Constantinople par les Turcs, événement qui sonne définitivement le glas de l'Empire romain d'Orient. Si l'on préfère se tourner vers l'avenir, le choix se porte alors sur la date de 1492, celle de la découverte de l'Amérique par Christophe Colomb qui vient symboliser les débuts — déjà annoncés par des navigations antérieures — de l'élargissement des frontières du monde connu par les Occidentaux.

Haut Moyen Age, Moyen Age central, Moyen Age tardif

Inutile de s'attarder davantage sur le choix de ces faits réputés marquants ! Même s'ils constituent des points de repère commodes qu'il convient de garder à l'esprit, aucun ne saurait jamais synthétiser à lui seul d'amples mutations. Il est indéniable que des caractéristiques propres, que nous aurons à découvrir ici, distinguent la période médiévale de celles qui l'ont précédée et suivie. Mais au long de ces dix siècles, le temps ne fut pas immobile : il serait donc impropre de les considérer sans nuance. Bien des différences séparent la vie d'un contemporain de Clovis de celle d'un contemporain de Jeanne d'Arc, pour s'en tenir à deux grandes figures « françaises ». En outre, les siècles qui font encore un usage restreint de l'écrit, jusqu'à la renaissance carolingienne, ne se laissent pas connaître à l'historien de la même manière que ceux, les XIVe et XVe, qui voient apparaître les toutes premières préoccupations de dénombrement. Aussi, pour mieux s'orienter dans cette forêt profonde — celle des magiciens et des ermites, des chevaliers errants et des chasseurs, des charbonniers et des défricheurs —, l'usage distingue trois temps qui correspondent à trois grandes phases de l'histoire occidentale. Le premier, dit Haut Moyen Age, est marqué par l'unification progressive des royaumes germaniques réalisée sous Charlemagne et l'élaboration d'une nouvelle culture sous l'empreinte du christianisme. Lui succèdent les trois « siècles d'or » de la chrétienté (950-1250) au cours desquels l'Occident enregistre l'un des essors les plus marquants de son histoire. Il connaît ensuite, au cours du Moyen Age tardif, des heures (1250-1450) où les ombres ne laissent place que lentement, peu avant le milieu du XVe siècle, aux lumières d'un redressement qui se prolonge dans le « beau XVIe siècle ».

Un temps propre à l'histoire de l'Occident...

A lire ce qui précède, on l'aura compris, la notion de Moyen Age ne s'avère réellement pertinente qu'à propos de l'histoire de l'Europe occidentale, même si elle se trouve utilisée par convention pour qualifier certaines sociétés dont les traits semblent en être proches : le Japon d'avant l'ère Meïji ou le monde russe d'avant l'abolition du servage. C'est au cours de l'époque médiévale que ce petit cap avancé de l'Asie affirme son primat et qu'il acquiert de puissants ferments d'unité (élaboration d'un paysage rural et urbain original, principales références culturelles), mais tout aussi bien les germes de ses futures divisions internes (diversité linguistique, formation des nations, clivages religieux). Qui dit Europe occidentale écarte donc, en ses confins, les terres qui gravitent dans la mouvance du monde musulman ou dans celle de Byzance. Certaines zones, telles l'ancienne Dalmatie romaine ou les îles de la Méditerranée, en premier lieu la Sicile, sont alors le terrain d'âpres luttes d'influence politique, économique et religieuse ; elles en gardent des stigmates mais y gagnent la richesse des terres de contact où, par-delà les affrontements armés, les différentes cultures se nourrissent mutuellement.

Si les limites territoriales de l'Occident sont parfois difficiles à dresser, d'autant qu'elles évoluent du début à la fin du Moyen Age, il est des distinctions qui ne trompent guère. Elles sont alors principalement d'ordre linguistique et religieux. L'Occident, héritier de la moitié ouest de l'Empire romain amputée des territoires conquis par l'Islam, se caractérise avant tout par l'usage du latin et des langues qui en sont directement dérivées ; en revanche, le grec n'y est plus guère connu. C'est aussi le monde où le christianisme se pratique suivant la tradition et les rites latins, en communion avec, puis sous l'autorité de l'Eglise de Rome. Les régions qui le bordent sont soit terres d'Islam, où la religion dominante est musulmane et l'arabe langue parlée et comprise, même si elle n'y règne pas seule ; soit terres placées sous l'autorité byzantine et fréquemment désignées dans les textes occidentaux de « monde des Grecs ». La qualification, qui ne se réfère plus guère aux Hellènes de l'Antiquité, vaut autant pour la langue que pour la religion, un christianisme qui se veut le seul juste, « orthodoxe » disons-nous de nos jours, et que ses rites distinguent de celui des Latins.

... réputé sombre...

Les premiers à conférer une apparence d'unité à cette longue période furent les humanistes italiens qui, dès le XIVᵉ siècle, eurent conscience de vivre une rupture avec leur passé immédiat. Fervents admirateurs des Anciens, grecs et romains, ils vouèrent au mépris les temps qui les séparaient de l'Antiquité, considérés en un seul bloc, et dont le seul mérite à leurs yeux est d'avoir opéré la liaison entre cette époque lumineuse et la leur. L'intervalle fut alors qualifié de temps moyen, au sens d'intermédiaire, et de médiocre, voire sombre, une conception que conserve l'expression anglaise des *dark ages* (âges noirs). Pétrarque le premier, suivi au XVᵉ siècle de Ghiberti, Giorgio Vasari et Lorenzo Valla rivalisent pour qualifier ces générations obscures de termes condescendants et péjoratifs qui n'ont pour contrepartie que leurs louanges de l'Antiquité ! Sous leurs plumes, le Moyen Age gagne sa réputation bien établie de temps barbare, violent, cruel (quelle époque sut y échapper ?), anarchique ou dominé par des pouvoirs religieux et civils tyranniques, et dont la production artistique dite gothique, par référence au peuple germanique des Goths, ne saurait trouver grâce à leurs yeux comparée aux chefs-d'œuvre de l'Antiquité. Cet adjectif, utilisé maintenant pour désigner un style bien précis de l'art médiéval, reléguait au second plan de l'histoire toutes les œuvres léguées par dix siècles de création... Ainsi forgée, la division des temps historiques entre Antiquité, Moyen Age et temps modernes, avec tous les préjugés qu'elle véhicule, allait être couramment utilisée par les philosophes et hommes de lettres des XVIIᵉ et XVIIIᵉ siècles. Les penseurs réformés stigmatisent ces temps dominés par l'obscurantisme de l'Eglise romaine ; ils sont plus modérément suivis par les partisans catholiques d'une Eglise nationale (gallicane dit-on dans le royaume de France) et humaniste. Le paroxysme du mépris est atteint au siècle des Lumières : Voltaire ne voit-il pas au XIIIᵉ siècle « l'ignorance sauvage supplantée par l'ignorance scolastique » ? Le cliché se fixa pour longtemps : il court toujours dans le discours et les images contemporaines !

... *récemment réhabilité*

Pourtant de puissants courants de réhabilitation se sont efforcés de le renverser, peut-être trop systématiques dans leur idolâtrie, substituant à la légende noire une légende dorée, tout aussi fausse... Le premier date du XIXᵉ siècle et s'appuie notamment sur la persistance dans la culture de tout un substrat médiéval, comme l'illustrent entre autres les grandes figures de Charlemagne et ses preux, ou celles des héros de Bretagne, Merlin et son entourage. Le mouvement romantique manifesta bruyamment et brillamment un goût prononcé pour le Moyen Age. En Angleterre tout d'abord, puis en France et en Allemagne, plus tard en Italie, les artistes puisèrent à foison dans l'histoire médiévale dont la richesse nourrit leur imaginaire et inspira livrets d'opéra, poésies, pièces de théâtre ou romans, quand ce ne sont pas des idées de tableaux, meubles ou monuments de style dit « troubadour ». Les nations européennes, au fur et à mesure de leur affirmation, trouvèrent au Moyen Age leurs héros fondateurs : Robin des Bois en Angleterre, Saint Louis en France, le Cid en Espagne, les Maîtres chanteurs en Allemagne ou Guillaume Tell en Suisse. Les idéologues s'en mêlèrent, catholiques pour exalter cette grande époque de la foi, bourgeois libéraux pour se réclamer du mouvement communal et, plus tard, fascismes à propos du mouvement corporatiste, ou divers régionalismes appuyés en Bretagne sur la tradition celte, ou en Languedoc sur la légende cathare. Plus détachés de considérations politiques — encore qu'il faudrait peut-être y regarder de plus près —, les historiens de la Nouvelle Histoire, Marc Bloch en tête, firent également beaucoup pour une appréciation plus équitable du Moyen Age. Et leur action ne fut pas sans provoquer des phases d'engouement dans l'opinion dont témoignent certains succès de librairie, tel celui de *Montaillou, village occitan*.

Toutes ces passions enfantèrent pourtant des initiatives moins bruyantes qui servirent autant la cause du Moyen Age, à savoir bon nombre d'institutions savantes sur lesquelles s'appuie tout travail sérieux d'historien. Sous l'impulsion, en France notamment, de l'Ecole des Chartes, fondée en 1821, des sociétés savantes qui fleurirent au XIXᵉ siècle dans les diverses provinces, sans oublier l'action pionnière des « antiquaires » religieux ou laïcs dès les XVIIᵉ-

XVIII⁰ siècles (Mabillon), et les académies régionales ou
nationales, s'est trouvée rassemblée une imposante masse
documentaire indispensable à qui veut étudier la période
avec sérieux. Les grands textes politiques ou littéraires ont
été publiés, des dictionnaires des langues alors en usage,
latin et langues vernaculaires, ont été élaborés, et que dire
des précieux registres d'inventaires d'archives, familiers à
tous les chercheurs qui les fréquentent désormais en nombre croissant. Il appartient aux générations futures, pour
peu qu'elles demeurent avides de curiosité historique et
sachent faire preuve d'imagination dans leurs analyses des
documents, de poursuivre ce mouvement dont le Moyen
Age a bénéficié tout autant que les autres périodes. N'est-
ce pas la meilleure méthode pour démontrer à ceux qui le
partageraient encore que le cliché voltairien de l'obscurantisme médiéval a vécu ?

COMMENT CONNAÎT-ON LE MOYEN ÂGE ?

Un volume de sources maîtrisable

Notre connaissance d'une période historique, c'est une
évidence, repose sur les informations qu'elle nous a
léguées. Or, d'une époque à l'autre, leur nature et leur
quantité varient considérablement. Quelle différence entre
les imposants dossiers produits par l'administration du
XX⁰ siècle et les quelques tablettes sur lesquelles se pen-
chent les historiens de Sumer ! Dans l'un ou l'autre cas, le
savoir qui en résulte n'est pas de qualité moindre : il est
différent. Simplement convient-il de faire preuve d'ingé-
niosité et de perspicacité dans la manière de solliciter les
sources, à l'aide de modes de traitement sans cesse renou-
velés et en fonction des préoccupations propres à chaque
génération d'historiens. C'est ainsi que peut encore évoluer
l'histoire même lorsque le volume des sources ne s'enrichit
plus guère...

Le Moyen Age propose aux chercheurs une masse
d'informations ni trop importante, ni trop lacunaire. Les
sources écrites qui ont été conservées se répartissent fort
inégalement au cours des dix siècles : leur volume va croissant, notamment à partir du XIII⁰ siècle, en raison du déve-

loppement des Etats nationaux et, plus généralement, d'un recours accru à l'écrit dans la vie sociale. A leur côté, les données matérielles, peu considérées jusqu'à une époque récente par la recherche historique, sont désormais largement prises en compte. Il s'agit des résultats des fouilles archéologiques, des collections d'objets divers conservés dans les musées, voire par des particuliers, enfin, de l'inépuisable patrimoine monumental.

Le temps du livre rare

Du Ve au XVe siècle, l'élaboration des documents écrits résulte de conditions qui évoluèrent fortement ; il convient de les garder présentes à l'esprit car elles déterminent l'importance accordée à cette production. En effet, la valeur d'un livre, valeur marchande mais également affective, et l'usage qui en est fait, ne peuvent être les mêmes au temps de l'imprimerie puis du livre de poche, qu'en celui où la copie du texte entier de la Bible demandait à un scribe plus d'un an de travail ! Et cela vaut pour toute production écrite.

La maîtrise de l'écriture, une technique difficile à acquérir, demeure, tout au long de la période, le fait d'un nombre initialement restreint mais progressivement croissant de gens cultivés. Ce sont tout d'abord essentiellement des hommes d'Eglise, chanoines réunis autour des évêques, moines, et quelques individus au service des princes. Dans un tel contexte, le recours à l'écrit ne doit rien au hasard ; il est alors réservé aux fondements de la société : les textes religieux — Ecritures chrétiennes et leurs commentaires par les Pères de l'Eglise —, les sources de la mémoire — œuvres de rares historiens, tel Grégoire de Tours († vers 594), ou les *Annales royales* —, voire quelques documents officiels — textes des lois barbares ou capitulaires carolingiens. Peu à peu, à des époques variables selon les régions, bien avant l'an mil dans les pays méditerranéens, plutôt après dans les zones plus au nord, l'usage de l'écrit l'emporte sur le recours à l'oral. La justice redécouvre la preuve écrite, les maîtres stipulent leurs droits, les dominés limitent l'arbitraire en faisant consigner leurs devoirs dans les chartes, les marchands élaborent des contrats, et le développement des écoles urbaines, puis l'apparition des universités, stimulent la production de livres. La pratique de l'écrit ne se cantonne plus aux ateliers monastiques, appelés les *scriptoria*, ni aux chancelleries princières, mais gagne le monde des villes. Celles-ci voient s'ouvrir des boutiques de copie où sont élaborées des méthodes de fabrication à la chaîne : au lieu de confier la production d'un ouvrage de A à Z au même scribe, on le subdivise en cahiers que plusieurs reproduisent simultanément, pour en accélérer l'achèvement. A partir du XIIᵉ siècle, pour les documents usuels, le papier commence à supplanter le parchemin plus résistant, certes, mais plus coûteux ; cependant la peau demeure jusqu'à la fin de la période le matériau favori pour les productions de luxe, tels les livres enluminés qui enrichissent les bibliothèques princières. Les écritures se font plus rapides, cursives, disent les spécialistes, moins calligraphiées, mais aussi moins faciles à lire pour les générations suivantes ! L'usage des langues vernaculaires équilibre davantage celui du latin. Plus courant, le document écrit perd peu à peu la valeur quasi sacrée qui a pu être la sienne et qui le demeure encore dans l'esprit de ceux qui en sont le plus éloignés.

Malgré l'effort que requiert le travail d'écriture, dont plus d'un copiste se plaint à la fin d'un manuscrit, sollicitant du lecteur une pensée émue pour celui qui a su discipliner sa main pendant de longues heures, parfois bien froides, les temps médiévaux nous ont légué de riches collections documentaires, aux éléments de natures bien différentes. Il est courant d'introduire entre eux des distinctions commodes. La principale sépare les sources dites littéraires, œuvres de composition, des sources dites de la pratique, nées de l'exercice du pouvoir, des échanges et de la transmission des biens.

Les sources littéraires

Les productions littéraires furent longtemps considérées comme seules nobles et dignes d'intérêt.

Paradoxalement trop méconnue des historiens, la littérature médiévale plonge son lecteur dans un monde aux racines culturelles qui, bien que christianisées, empruntent au folklore, à une grammaire de symboles ainsi qu'à une mythologie peuplée de fées et d'enchanteurs sur laquelle, souvent, il n'existe aucun autre texte. Quelques grandes figures demeurent encore dans les mémoires : de la littérature épique, à savoir de la chanson de geste (entendu au sens étymologique de « haut fait »), émergent celles de Charlemagne, Roland et autres preux ; de la vaste matière des romans de chevalerie, celles des héros de la Quête du Graal et des chevaliers de la Table Ronde réunis autour du roi Arthur. Films ou bandes dessinées témoignent de la vitalité des thèmes épiques et légendaires médiévaux ; ces sagas, quelque peu réaménagées, ont conservé leur pouvoir de séduction au XXe siècle, après avoir fourni de nombreuses sources d'inspiration aux écrivains du siècle précédent. En revanche, la poésie et le théâtre, religieux ou profane, semblent plus loin de nous, même si Léo Ferré a pu chanter des poèmes de Rutebeuf ou Georges Brassens ceux de François Villon ! Les recueils de poèmes laissent pourtant filtrer quelques échos plus personnels que l'on perçoit également à travers les trop rares collections de correspondance — c'est alors, comme dans l'Antiquité, un art littéraire — ou les autobiographies dont la plus célèbre est celle du moine Guibert de Nogent († vers 1124).

Aux œuvres de fiction s'ajoutent de multiples ouvrages didactiques sur les thèmes les plus variés, qui vont de l'art de la chasse (*Livre de la chasse* de Gaston Phébus, † en 1391) aux traités politiques et autres *Miroirs des Princes*. Au Moyen Age, comme aux autres périodes, nombreux furent ceux qui se préoccupèrent d'écrire l'histoire ou de la faire écrire : princes soucieux de laisser le « juste » souvenir de leur règne, communautés monastiques célébrant le prestige de leur fondateur et de ses successeurs, familles aristocratiques qui forgent leur identité dans l'exaltation de leurs ancêtres, réels ou mythiques (pensons à la place de la fée Mélusine dans la famille de Lusignan). Ces ouvrages, le plus souvent des chroniques, sont baptisés *Annales* lorsqu'ils procèdent année par année. Certains auteurs n'hésitent pas à faire commencer leur propos à la création du monde, récapitulant ainsi toute l'histoire du salut des hommes, selon la perspective chrétienne, avant d'en venir à l'époque qui est la leur : c'est que, pour eux, l'histoire a un sens qu'ils s'efforcent de dévoiler à leurs lecteurs. Loin de sourire d'une telle démarche, considérons plutôt tout ce qu'elle peut révéler sur l'univers mental de ce temps, sa compréhension du monde, sa hiérarchie des valeurs. Plus libres d'écriture sont les divers mémoires ou récits de voyages, tel celui de Marco Polo, le voyageur vénitien mort en 1324, ou le *Journal d'un Bourgeois de Paris*, rédigé par un chanoine de Notre-Dame aux heures sombres de la Guerre de Cent Ans.

La littérature médiévale comporte également un secteur majeur, que les spécialistes nomment l'hagiographie, à savoir le genre littéraire des *Vies* de saints. L'époque s'est montrée friande de ces récits, certains légendaires, d'autres mieux fondés, qui se donnent pour but d'édifier tout en distrayant par la narration des vies extraordinaires des saints martyrs, évangélisateurs, ermites, moines ou évêques, et autres figures charismatiques plus contemporaines. Délaissés jusqu'à peu par une critique positiviste qui n'y voyait que littérature de bas étage, répétitive et truffée de merveilleux, ils sont dorénavant l'objet d'études qui en ont révélé toute la richesse pour la compréhension des « mentalités » médiévales. Il en va de même pour toutes les œuvres nées de l'exercice, fort développé à partir du XIIe siècle, de la prédication. Et c'est avec des méthodes critiques peu différentes que l'on aborde également les quelques biographies qui nous sont parvenues, telles celles du roi Louis IX, futur Saint Louis.

Les sources de la pratique

Les sources de la pratique, produites au quotidien par la vie de la société (documents officiels des chancelleries civiles et ecclésiastiques, inventaires de droits et biens, collections judiciaires ou notariales, entre autres), pour être moins prestigieuses, s'avèrent cependant d'une grande fécondité. Aux côtés des archives du pouvoir, ordonnances, diplômes ou actes des diverses assemblées, pain quotidien de l'historien depuis des lustres, les générations formées à l'école des *Annales* ont découvert la richesse des sources économiques, descriptions de domaines et inventaires variés dressés par la puissance publique, dont l'un des plus célèbres exemples est le *Domesday Book* (*Livre du Jugement*, sous-entendu « dernier ») qui décrit, en 1086, pour Guillaume le Conquérant, l'état de l'Angleterre nouvellement soumise. Les archives privées, monastiques, urbaines ou nobiliaires, fournissent également des registres de comptes, sans oublier la mine inépuisable des documents notariaux où sont consignés les transactions et les actes testamentaires : la société médiévale s'y révèle sous tous ses aspects, tant matériels que spirituels. L'étude de ces divers types de documents obéit à des règles bien précises : ainsi, celle de la « diplomatique » ou science des diplômes, du nom porté par les actes qui établissent un droit. Lorsqu'ils se présentent en séries suffisamment fournies (ordonnances d'un même règne ou chartes reportant tous les titres d'un établissement religieux, par exemple), ils permettent parfois l'emploi de méthodes quantitatives.

L'apport récent des sources matérielles

La prise en compte des sources matérielles (notamment les bâtiments, objets usuels ou œuvres d'art) est devenue depuis peu monnaie courante dans les études médiévales. Elle a permis un renouvellement considérable de nos connaissances, très sensible pour le Haut Moyen Age, pour lequel le corpus des sources écrites est plus limité, mais dont bénéficie de fait l'ensemble de la période.

Le mouvement puise tout un ensemble d'informations dans les données fournies par l'archéologie qui, pour les études médiévales, a débuté activement bien avant la Seconde Guerre mondiale en Angleterre, en Allemagne et dans les pays de l'est et du nord de l'Europe, alors que la France tente de rattraper son retard depuis une vingtaine d'années. Les résultats obtenus sont de premier ordre, fondés sur des méthodes de travail de haute technicité qui requièrent la collaboration de scientifiques. Quelques exemples en convaincront. L'observation aérienne, grâce à des clichés pris à différentes saisons, sous des éclairages variés et, parfois, à l'infrarouge, a révélé une multitude d'anciens sites d'occupation du sol aujourd'hui disparus. De leur côté, les fouilles portent sur des villages, des quartiers de villes ou des cimetières, selon des programmes établis sur plusieurs années ou, plus fréquemment, à l'occasion des chantiers immobiliers et de voirie : ce sont alors des fouilles dites « de sauvetage ». Elles apportent nombre d'éléments nouveaux sur l'implantation et l'extension des habitats et des centres de pouvoir (châteaux), ainsi que sur la culture matérielle : objets usuels de la cuisine, du costume ou de l'outillage, techniques de construction. L'exploration des sépultures permet d'évaluer l'évolution des rites d'inhumation en vigueur et de mesurer ainsi la progression de la nouvelle religion chrétienne ; en outre, l'étude plus poussée des squelettes alors mis au jour fournit des informations passionnantes sur les réalités anthropologiques des populations médiévales (types humains ou état sanitaire, par exemple), qui viennent enrichir les études démographiques, précisent les origines ethniques des peuplements, révèlent l'état de santé des individus...

L'engouement pour les fouilles ne doit pas faire perdre de vue l'intérêt présenté par les monuments encore en élévation : châteaux, enceintes fortifiées, palais communaux des villes italiennes, halles aux draps des cités flamandes, sans compter les innombrables églises, cathédrales, monastères, couvents, ou les modestes édifices des paroisses rurales. S'y ajoutent les objets rassemblés dans les collections nationales ou privées, et le foisonnement des images léguées par le monde médiéval à travers les sculptures, peintures murales ou de chevalet, et le trésor des enluminures. A cet égard, des études récentes, fondées sur les sources iconographiques, ont prouvé, s'il en était besoin, leur fécondité, que ce soit à propos de la place de l'enfant dans la société, pas si dépréciée qu'on l'a cru, des techniques agraires ou du sentiment religieux.

L'énumération qui précède ne doit pas laisser croire que chaque type de sources est abordé indépendamment des autres ; au contraire ! Les résultats les plus fructueux sont obtenus par la combinaison et la confrontation des informations que fournissent, pour une même époque ou un même thème, sources écrites et sources matérielles. Souhaitons que leur présentation ait convaincu de la richesse de la documentation pour une période faussement réputée obscure, et de l'imagination toujours en éveil des chercheurs qui l'exploitent.

HAUT MOYEN AGE

CHAPITRE I

LE TEMPS DES ROYAUMES BARBARES

Quelle que soit la date précise retenue pour marquer la fin de l'Empire en Occident, il est manifeste que le Vᵉ siècle a sonné le glas de l'unité romaine et conduit à l'émergence d'un nouvel ordre politique et culturel, morcelé en plusieurs ensembles où coexistent des peuples aux coutumes variées et aux usages religieux distincts, voire opposés. Les fidèles de la romanité, tel Sidoine Apollinaire († vers 486), évêque de Clermont en Auvergne et qui fut aussi poète, déplorèrent la disparition de la civilisation romaine, emportée par ces nouveaux venus aux longs cheveux, amateurs de cuisine au beurre et non à l'huile d'olive ! et, surtout, ignorants de la langue latine et de sa culture écrite. Plus rares furent les témoins qui devinèrent dans ces heures de mutation ce que révèle le recul, à savoir l'émergence d'une phase originale de la civilisation occidentale.

Des incursions barbares...

Affaibli de l'intérieur par l'instabilité du pouvoir impérial ainsi que par des difficultés économiques (une démographie en reflux) et culturelles (baisse du crédit des valeurs de la religion civique et du paganisme, qui ne cimentent plus aussi solidement la société), l'Empire romain put difficilement résister à la pression des peuples « barbares » installés à ses frontières. Cependant, les deux parties du territoire issues de la division conçue par Théodose Iᵉʳ en 395, ne réagirent pas uniformément : l'Orient, autour de Constantinople, plus prospère, parvint plus aisément, grâce à ses richesses, à les contenir ; l'Occident, autour de Rome, paraît avoir été plus démuni.

Ceux que l'on nomme les « Barbares », suivant l'usage des Anciens qui qualifiaient de la sorte tous les peuples

étrangers à leur culture, sont loin d'être des inconnus pour
les Romains. Il s'agit principalement de populations germaniques, établies au-delà des frontières de l'Empire et
dont Tacite, au Ier siècle après Jésus-Christ, a brossé les
mœurs dans sa *Germanie*. Implantées de la vallée du Rhin
à l'embouchure du Danube, elles se répartissent entre Germains de l'Ouest, Francs et Alamans (autour du Rhin et
de la Meuse), Germains du Nord, Jutes, Angles et Saxons
(autour de l'actuel Jutland), et Germains de l'Est, Lombards, Suèves, Vandales, Goths, tous situés à l'est de la vallée de l'Elbe. Depuis la seconde moitié du IVe siècle, de
petits groupes furent autorisés par le pouvoir romain à
s'installer à l'intérieur du *limes* (frontière fortifiée), avec le
statut juridique de fédérés : au terme d'un traité avec
Rome (*fœdus*), ces peuples pouvaient vivre selon leurs propres lois sur les terres qui leur étaient allouées, mais
devaient en retour le service militaire. Au début du Ve siècle, les Germains furent mis en mouvement par l'arrivée
d'un peuple d'origine turque, les Huns, venu des steppes de
l'Asie centrale pour s'installer dans la cuvette danubienne.
Devant ces farouches cavaliers, ils fuyèrent vers l'ouest
dans l'anarchie, se repoussant mutuellement. Certains
même (les Goths) cherchèrent refuge au sein de l'Empire
romain. Ce vaste « mouvement des peuples » s'observe
durant plusieurs décennies. C'est pourquoi, en dépit de
quelques déplacements de grande ampleur, l'arrivée plus
massive des Germains en Occident au cours du Ve siècle,
puis leur stabilisation en royaumes autonomes, ne doivent
plus se concevoir comme le déferlement brutal d'une lame
de fond. Au terme d'« invasions » qui le sous-entend, il est
désormais préféré celui d'« incursions », plus proche, semble-t-il, de la réalité que l'on parvient à saisir. A cet égard,
l'analyse anthropologique des populations inhumées dans
les cimetières, maintenant fouillés en nombre important
sur l'ensemble du territoire occidental, confirme l'hypo-
thèse d'une infiltration progressive. En effet, elle permet
d'attester qu'il n'y eut pas de modification brutale des types
humains au cours des Ve-VIe siècles. Peu de squelettes présentent les caractéristiques reconnues aux populations
germaniques : une stature plus élevée et un crâne plus
allongé que ceux des populations autochtones. Les groupes qui s'installèrent n'étaient donc pas très nombreux ;
pourtant, les troupes en mouvement étaient généralement

suivies par les familles des guerriers, sauf pour quelques groupes de mercenaires, à la solde des Romains, qui durent à leur tour se fixer et assurer leur descendance.

De ce mouvement de longue durée, on retiendra cependant deux faits spectaculaires. Le 31 décembre 406, à la faveur d'un hiver très rigoureux, les troupes barbares traversèrent le Rhin gelé et pénétrèrent en Gaule. Quatre ans plus tard, en 410, Rome est mise à sac par le chef des Goths Alaric, ce qui causa une profonde stupeur. L'avance des Huns ne fut arrêtée qu'en 451 au Campus Mauriacus, près de Troyes (bataille dite des Champs catalauniques), par le général romain Aetius, qui conduisait une armée composée de mercenaires barbares plus que de Romains. A la mort d'Attila, en 453, la situation se stabilisa progressivement, au prix de combats parfois rudes entre Germains eux-mêmes. En effet, les derniers empereurs n'hésitèrent pas à jouer de certains peuples barbares contre d'autres, au risque, pour Rome, de voir ses alliés d'un jour se retourner contre elle.

... aux royaumes barbares

Le vide créé en Europe centrale par la défaite des Huns laissa place, à l'est du monde romain, à la pénétration des Slaves, notamment des Avars, dans la plaine du Danube. A l'ouest, à la fin du Ve siècle, les divers peuples sont alors installés plus durablement et forment des royaumes autonomes. Les Wisigoths ont agrandi leur domaine aquitain, premier royaume fondé par des Barbares en terre romaine, par la conquête de la quasi-totalité de la péninsule ibérique dont les Suèves conservent cependant la partie nord-ouest. Les Vandales étendent leur domination brutale sur l'Afrique du Nord, la Corse et la Sardaigne, d'où ils mènent des expéditions de pillage, la plus marquante au détriment de Rome, en 455 ; cela vaut à leur nom d'avoir été conservé par la langue courante comme synonyme de destructeur violent. Après avoir été décimés par Aetius, les Burgondes sont transplantés dans l'actuelle Suisse romande, le Jura et la Savoie. Au nord de l'Europe, dans la Bretagne romaine, les Saxons, appelés à l'aide contre les pirates pictes et scots, finissent par s'installer dans l'île, suivis des Angles et des Jutes. Et tandis que les Scots, en réalité les Irlandais, se stabilisent en Irlande et en Ecosse, pays auquel ils ont laissé leur nom, les populations celtes, repoussées de tous côtés, fuient les envahisseurs en pays de Galles, en Cornouailles et jusqu'en Armorique (Bretagne actuelle). Cœur de la partie occidentale de l'Empire, l'Italie ne tarde pas non plus à se voir occupée : après un nouveau sac de Rome, perpétré en 476 par une armée qui relève de l'autorité romaine mais dont les mercenaires barbares se révoltent, l'empereur d'Occident est déposé. Celui d'Orient, Zénon, qui se considère en conséquence comme le maître de tout l'Empire, envoie les Ostrogoths de Théodoric redresser la situation ; mais ils le font à leur propre avantage en instaurant le royaume ostrogoth d'Italie qui connut des heures brillantes.

L'extrême fin du siècle fut marquée par la réalisation de l'unité du royaume des Francs et son expansion vers le sud. Divisés en plusieurs branches, les Francs s'étaient implantés le long de la vallée du Rhin, Saliens au nord, Rhénans (autrefois baptisés Ripuaires) au sud. L'initiative vint des Saliens qui s'étendirent vers le sud jusqu'à Tournai, dont ils firent leur capitale. Puis, leur chef Clovis réussit à faire l'unité des différents groupes en éliminant ses rivaux, conquit en 486 le royaume du général romain Syagrius, entre Somme et Loire, et repoussa à l'est les Alamans (situés dans l'actuelle Suisse alémanique) à la bataille de Zulpich, à tort nommée Tolbiac, et dont la date est controversée (496 ?), avant de tourner ses ambitions vers le sud contre le roi wisigoth. Ce dernier, soutenu par Théodoric, réussit à se maintenir en Espagne mais dut céder au Franc tout son domaine au nord des Pyrénées à la suite de la bataille de Vouillé (507) : le royaume des Francs était né, alors composé de la Neustrie, de l'Austrasie et de l'Aquitaine. Il appartient aux fils de Clovis de lui annexer le royaume burgonde, de lui ouvrir, en Provence, les rives de la Méditerranée et de placer sous son influence toute la Germanie méridionale.

La carte politique de l'Occident se trouva à nouveau bouleversée à la suite de l'entreprise de reconquête lancée par l'empereur Justinien (527-565), qui ambitionnait de reconstituer l'intégrité de l'Empire. Cette politique, conduite par le grand tacticien Bélisaire († 565) connut son principal succès en Afrique du Nord où elle mit fin à la domination des Vandales ; en outre, elle regagna les côtes sud-est de la péninsule ibérique de Carthagène à

Cadix et vint à bout de la dure résistance des Ostrogoths en Italie. La réussite était cependant partielle : la Méditerranée était presque redevenue « romaine » (ou byzantine), mais la Gaule demeurait aux mains des Barbares. Très affaiblie par les « guerres ostrogothiques », la péninsule italienne ne put résister à l'assaut d'un nouveau peuple venu du nord de la Germanie, les Lombards (568). Ces derniers ne s'établirent pas uniquement dans la région à laquelle ils ont laissé leur nom : ne restèrent aux mains des Byzantins que l'exarchat de Ravenne (provinces en danger, placées sous l'autorité d'un exarque, doté de pouvoirs civils et militaires) et le duché de Rome (noyau du futur patrimoine de saint Pierre, plus tard État pontifical), ainsi que quelques possessions au sud, tels le duché de Naples, l'Apulie et la Calabre. Dans la moitié nord du pays, s'établit le royaume lombard, pendant que le sud était divisé entre les deux duchés lombards de Spolète et de Bénévent. Un dernier élément perturbateur venu du Proche-Orient achève, au cours du VIIe siècle, de fixer le cadre politique de l'Occident médiéval : la conquête arabe. Son extension à l'ouest, d'une ampleur égale à celle qui l'a conduite vers l'est sur les rives de l'Indus et aux portes de la Chine, soumet à sa loi toute l'Afrique du Nord, d'où la domination byzantine est balayée, puis plus des deux tiers de la péninsule ibérique ainsi que les îles Baléares, avant la conquête de la Sicile au IXe siècle. Deux coups d'arrêt lui furent portés : à l'est devant Constantinople qui résista au siège de 717, grâce à la maîtrise du feu grégeois (brûlots de naphte qui eurent raison des navires arabes), et à l'ouest, en Gaule, où près de Poitiers, Charles Martel mit fin en 732 à l'un de leurs raids septentrionaux le plus avancé. Mais les populations frontalières et côtières durent encore compter pendant plusieurs siècles avec les razzias arabes, qui ne s'engagèrent cependant plus guère vers le nord des terres occidentales.

L'unification d'une société mixte

De l'insertion de ces « Barbares », nouveaux venus dans le monde romain, naquit une société originale. Ses maîtres se trouvent partagés entre la fidélité due à leurs propres usages et l'ambition de se faire adopter par le vieil Empire latin et sa civilisation pluriséculaire qui jouissent à leurs yeux d'un immense prestige. Les princes eux-mêmes en donnent une éclatante illustration. Ils semblent avoir conçu leur accès au pouvoir à l'intérieur de la communauté romaine, sous la tutelle, lointaine il est vrai, de l'unique empereur demeuré en Orient, quitte à agir cependant en toute autonomie. C'est pourquoi, il faut le souligner, aucun n'a tenté de se prévaloir du titre impérial en Occident ; Clovis, au contraire, aurait reçu de mystérieux insignes envoyés par Constantinople en reconnaissance de sa puissance, et Théodoric, en sa cour de Ravenne, n'a de cesse d'imiter le rituel byzantin, de parler latin et de s'appuyer sur les institutions romaines, partiellement suivi en cela par ses « cousins » wisigoths d'Espagne. Dans tous les royaumes barbares, le souverain conserve les prérogatives publiques impériales, telle la frappe de la monnaie ou la levée des impôts, et recueille entre ses mains les domaines de l'empereur, les biens du fisc. Il n'est pas jusqu'à la légitimité militaire sur laquelle repose le pouvoir de chaque chef germanique qui ne se rapproche de celle des dernières générations d'empereurs romains. Pourtant, malgré cette fascination exercée par Rome, la puissance politique des rois barbares ne relève pas de la même conception du pouvoir, ni ne s'appuie sur la notion abstraite d'Etat, familière au droit public romain.

Le pouvoir du prince barbare est avant tout un pouvoir personnel. Il échoit au chef guerrier victorieux qui jouit d'une sorte de charisme particulier, nommé le *mund*, faculté quasi divine de mener ses troupes à la victoire et, de la sorte, d'assurer à son peuple les ressources vitales, de le protéger, de lui permettre de prospérer. Reconnu par le groupe des grands qui l'ont porté sur le trône en l'élevant sur un pavois, le « premier parmi ses pairs » possède désormais le ban, le pouvoir d'ordonner, de contraindre et de punir. L'entourage du souverain, composé de serviteurs et familiers, de guerriers et de membres de l'aristocratie, remplit des fonctions qui sont d'ordre domestique plus que public ; l'un d'eux, le maire du palais, acquiert une grande importance sous les rois francs. Autre signe qui ne trompe guère, ces monarchies ne sont pas pourvues d'une capitale fixe, à l'exception des deux plus romanisées, celle des Wisigoths (Tolède) et celle des Ostrogoths (Ravenne). En dépit de la place accordée par Clovis à Paris, la monarchie franque demeure itinérante, une manière pour le titulaire d'asseoir son pouvoir auprès de tous, mais aussi de profiter des ressources des différents palais du fisc dont les revenus alimentent la cassette du prince, à côté du butin de guerre. Enfin, la fonction suprême et les biens qui lui sont attachés relèvent, selon les usages germaniques, du patrimoine de celui qui les détient : ses héritiers légitimes ont donc tous droit à y prétendre. Au nom de ce principe, les souverains francs n'ont pas hésité à partager entre les fils le royaume du père, jusqu'à un certain degré de morcellement au-delà duquel ils ne se sont pas engagés ; et, pour enraciner leur pouvoir dans leurs origines ethniques, chacun devait avoir une part du vieux pays franc, source de revenus et de prestige.

En revanche, l'administration locale reste fidèle aux institutions romaines. Le comte, représentant du pouvoir souverain en sa cité ou *pagus* (pays), depuis le chef-lieu où il réside, rend la justice à la tête du tribunal comtal, réunit les contingents armés et lève les impôts, qui sont alors principalement des impôts indirects sur les transports de marchandises, les tonlieux, et des droits de péage. Plusieurs générations après l'installation des royaumes barbares, il est encore courant de rencontrer des comtes issus d'anciennes familles patriciennes romaines : les nouveaux maîtres ne voulurent, ni ne purent, sans doute en raison de la faiblesse numérique de leurs hommes, remplacer tout le personnel impérial, mieux au fait de ces différentes fonctions.

L'une d'elles, l'exercice de la justice, suppose une grande familiarité avec les droits en usage parmi les divers éléments de la population, puisque la société des royaumes barbares applique le régime de la personnalité des lois : chacun vit et est jugé selon la loi de son peuple d'origine. Cette situation ne fait que prolonger celle qui fut en vigueur parmi les premiers groupes de fédérés. En outre, elle trouve des justifications religieuses : certains peuples, convertis à une hérésie du christianisme, l'arianisme, condamnée en 325 et dont on verra plus loin la nature, ne voulurent pas se mêler aux catholiques. Les plus intransigeants en ce domaine furent les Goths et les Burgondes qui interdirent les mariages mixtes et s'attachèrent à maintenir leur identité au sein de la société. Cependant, la conversion progressive de tous les royaumes au christianisme orthodoxe (à savoir le seul juste, tel qu'il fut défini

face à l'arianisme par les premiers conciles œcuméniques)
et, simultanément, le brassage des populations eurent raison de ces barrières. L'exemple put venir de l'entourage
princier, le groupe dit des leudes chez les Francs. Les descendants de l'aristocratie romaine y côtoyaient les nouveaux puissants ; de la sorte, s'élabore un milieu propice à
la conclusion d'alliances, dont les plus prestigieuses ména-
geaient pour les seconds l'accès aux titres convoités de
l'ancien Empire. Dans les couches plus modestes de la
population, la fusion fut certainement tout aussi réelle
grâce aux guerriers en mal d'établissement, et d'autant
plus rapide que les Barbares n'étaient pas implantés en
nombre considérable. Pourtant, jusqu'à l'époque de
Charlemagne au moins, chacun put continuer à se prévaloir de sa propre loi.

Mus par le désir d'imiter l'activité législative de l'empereur, les souverains se préoccupèrent de coucher par écrit
les usages de leur peuple, jusque-là transmis par voie
orale. Que ce soit le *Code d'Euric* pour les Wisigoths, à la
fin du Ve siècle, la *Loi Gombette* chez les Burgondes au
début du VIe, l'*Edit de Rothari* chez les Lombards, au milieu
du VIIe ou la célèbre *Loi salique* des Francs, difficilement
datable et connue par des copies carolingiennes, la rédaction des lois barbares est contemporaine de la constitution, à l'initiative de Justinien, de l'immense *Corpus de
Droit Civil* (529-533) qui demeure l'un des fondements du
droit moderne. Malgré l'empreinte du droit romain sur les
lois barbares, que l'on se plaît désormais à reconnaître, ces
dernières n'en conservent pas moins une forte originalité.
Celle-ci réside dans le recours à la procédure orale, la
preuve par témoins ou par épreuves, le duel judiciaire ou
les ordalies (selon la manière dont l'accusé se comporte au
cours d'une épreuve physique, qu'il soit plongé dans l'eau,
voire astreint à marcher sur des braises ou à tenir un morceau de fer rougi, il est déclaré innocent ou coupable),
ainsi que la tarification de l'amende (le *vergeld*) dont une
petite partie (1/3 chez les Francs) revient au comte et la
plus grande (2/3) à la famille de la victime pour mettre fin
à la vengeance privée (la *faide*) ; cette somme varie selon
la gravité du préjudice commis (coup léger, mutilation,
meurtre) ainsi que la qualité de l'individu (par exemple, un
Franc vaut plus cher qu'un Gallo-Romain). Pour acquitter
ces montants parfois élevés, le coupable peut compter sur

le jeu de la solidarité familiale : les membres d'une même souche sont en effet responsables de leurs proches en justice.

Dans tous les royaumes, l'armature sociale repose sur les groupes familiaux, doublés par des formes de parentés artificielles fondées sur des liens d'homme à homme. Ainsi, les fidèles que le prince nourrit à sa cour, sa garde rapprochée, antrustions francs ou gasindi lombards, forment autour de lui une troupe de frères d'armes dévoués à sa personne jusqu'à la mort. A leur échelon, les puissants constituent également des réseaux de clientèle dans lesquels entrent des hommes libres à la recherche de protection ; ils se placent ainsi sous leur mainbour (même racine que *mund*), contre des services domestiques ou autres, voire, pour les plus faibles, en échange de leur liberté personnelle. La puissance des clans aristocratiques se mesure à la taille de leur clientèle ainsi qu'au prestige de leurs alliances matrimoniales. Et quand le pouvoir princier vient à faiblir, lors de guerres de succession ou de luttes fratricides, l'ordre, ou le désordre, local repose sur leur bon vouloir... ainsi que l'attestent les démêlés intérieurs des différents royaumes, dans lesquels nous n'entrerons pas ici.

Le basculement vers le nord des pôles économiques

A défaut de sources écrites comparables aux textes des *Lois* ou aux histoires nationales, la connaissance de la vie économique des royaumes barbares a surtout progressé grâce à l'archéologie.

Le fondement de la richesse demeure la possession de la terre, autour de laquelle s'ordonne une économie agricole, sans rupture majeure avec celle de l'Antiquité tardive (IIIᵉ-IVᵉ siècles). Les cadres n'ont guère évolué, malgré le changement progressif des maîtres du sol, que ce soit à la suite de concessions faites au nom des lois de l'hospitalité, au terme d'un traité, ou par appropriation, violente ou non, des biens des anciens propriétaires romains. Si l'existence de quelques communautés rurales indépendantes composées de petits propriétaires de terres libres (les alleux) se laisse percevoir au détour de testaments, ces derniers sont plus diserts sur l'état des domaines aristocratiques qui, par volonté du défunt, revinrent, tout ou partie, à l'Eglise. Ces grands domaines portent alors le nom de *villæ* et l'archéologie atteste la densité de leur présence sur l'ensemble du territoire occidental, notamment en Gaule. Les terres d'une *villa*, unité d'exploitation de plusieurs centaines, voire milliers d'hectares, sont subdivisées entre une zone cultivée, l'*ager*, et une autre, non défrichée, le *saltus*, qui offre des ressources en bois, terrains de pâture et autres fruits de la cueillette. L'*ager*, clairière où s'établissent la résidence du maître, les bâtiments d'exploitation ainsi que les logements de la main-d'œuvre, est exploité en céréales et vignobles par des groupes serviles. Cependant, à partir des VIIᵉ-VIIIᵉ siècles, sans doute en raison du déclin progressif de la traite des esclaves que n'alimentent plus de nouveaux mouvements de population ni les conflits, les propriétaires prennent l'habitude d'établir leurs hommes sur de petits lopins de terre (les manses), en échange de leur travail (les corvées) sur la zone qu'ils conservent (la réserve) : la *villa* évolue, surtout entre Loire et Rhin, vers le grand domaine, structure principale de l'économie rurale carolingienne.

Il serait faux d'imaginer le monde rural totalement enclavé. Le réseau routier romain continue d'organiser l'espace et, complété par un chevelu de chemins, relie entre eux les bourgs dont l'existence même et la mention à leur propos de péages ou de quelques marchés attestent la relative vitalité, ainsi que les chefs-lieux des cités, dont la carte est héritée de l'Antiquité. Lieux de résidence du comte et de l'évêque, ces derniers cumulent des fonctions politiques, religieuses et économiques. A suivre l'archéologie, leur topographie repose sur la distinction entre un cœur fortifié, le *castrum*, hérité de l'Antiquité tardive (IIIᵉ-IVᵉ siècle), et des faubourgs, les *suburbia*. Leur population, de même que l'activité des diverses autorités, entretiennent une consommation de denrées de première nécessité et de quelques produits de luxe, pour beaucoup acheminés depuis l'Orient par des marchands, grecs, juifs ou syriens, tels le papyrus, les soieries, les épices ou l'huile d'olive. Au long des Vᵉ et VIᵉ siècles, le grand commerce international demeure orienté vers la Méditerranée, dans la mouvance de Byzance dont la monnaie (le *nomisma*, sou d'or) est imitée par tous les royaumes barbares. Mais, malgré leur forte résistance, ces courants d'échanges commencent à être concurrencés, au cours du VIIᵉ siècle, par ceux que promeut le dynamisme des marchands septentrionaux parmi lesquels s'illustrent les Frisons, riverains de la mer du Nord, qui, dès 650, émettent une monnaie d'argent, les *sceattas*. Leur présence dans de nombreux trésors monétaires permet de jalonner le réveil du commerce nordique qui transite désormais par les ports anglais, frisons ou francs, sur les côtes de la Neustrie, tel, au nord de l'embouchure de la Somme, Quentovic.

Les profondes mutations politiques, sociales et économiques enregistrées par la *pars occidentalis* de l'Empire romain contribuent à la singulariser de la *pars orientalis* dont elle se sépare progressivement, sans cassure brutale. Il faut attendre le ixe siècle pour que Charlemagne scelle sa totale indépendance en restaurant l'Empire à l'Ouest, n'en déplaise au maître de Byzance qui se considère comme l'empereur universel. En terre chrétienne, face au prestigieux monde grec, s'affirme donc un monde latin dont la culture est tout autant redevable au christianisme, mais un christianisme auquel les populations celtes et germaniques ont donné leur coloration propre et qui fut leur plus solide ciment.

CHAPITRE II

LA CHRISTIANISATION DE L'OCCIDENT

L'Empire où se sont fondés les royaumes barbares est un empire chrétien mais l'ensemble de son territoire est loin d'être uniformément christianisé. Si le monde des villes, traditionnellement ouvert aux nouveautés, et par lequel s'est introduite la religion chrétienne dès les temps les plus anciens, s'est montré plus réceptif, celui des campagnes demeure encore à convertir. Et que dire des terres situées à l'extérieur des frontières de la romanité : elles présentent un vaste terrain d'action pour tous ceux qui souhaitent leur transmettre un message présenté par le Christ lui-même comme universel. Saint Patrick l'avait déjà illustré en Irlande au milieu du Vᵉ siècle, après une formation acquise en Gaule où il avait fui l'esclavage auquel l'avait réduit une razzia de pirates. Or, dès la fin du VIᵉ siècle, ses lointains disciples viennent en retour sur le continent prêter main-forte aux évêques, une fois acquise la conversion au christianisme orthodoxe de tous les royaumes barbares.

Convertir d'abord les princes

A la division ethnique de la société des royaumes barbares se superpose une division religieuse. En effet, malgré la reconnaissance du christianisme comme religion d'Etat par Théodose Iᵉʳ († 395), les tenants des cultes antiques n'ont pas tous disparu, bien que la fin du IVᵉ siècle, à suivre l'archéologie, voie la plupart des temples se fermer. De plus, un vieux fond païen persiste dans les campagnes au point que le même terme latin de *paganus* semble avoir servi pour désigner leurs habitants, les paysans, et les païens. Mais ces cultes célébrés autour de sources, d'arbres ou de pierres dressées sont mal connus. Dépourvus de clergé, ils voient leur contenu transmis le plus souvent par voie orale. Aussi, en l'absence de sources écrites, hormis de la part de leurs détracteurs, ils se prêtent aux reconstitutions actuelles les plus fantaisistes, comme il en va de la religion des druides. Plus préoccupante pour l'Eglise officielle fut l'introduction dans l'Empire de groupes barbares convertis à une hérésie du christianisme, l'arianisme : condamnée par le concile de Nicée en 325, elle refuse au Christ la double nature humaine et divine, pour ne voir en lui qu'une créature privilégiée du Père. Presque tous les peuples germaniques implantés en Occident sont ariens, à l'exception des Francs demeurés païens. En conséquence, les royaumes « barbares » connurent une double hiérarchie ecclésiastique, l'une catholique, l'autre arienne, mais ils vécurent dans un climat de relative tolérance, à l'exception de celui des Vandales. Tout au plus, dans un premier temps, les princes freinèrent-ils le mélange des populations, on l'a vu d'après leurs lois, pour favoriser la préservation de leur identité.

Pourtant, à la fin du VIIᵉ siècle, la conversion au christianisme orthodoxe de tous les royaumes d'Occident était chose faite. Le mouvement débuta par celle des Francs, plus facile, en quelque sorte, puisqu'il s'agissait de l'abandon du paganisme et non du ralliement à des frères trop proches... Rapidement, le roi des Francs Clovis adopta le « Dieu de Clotilde », son épouse, qui lui aurait assuré la victoire contre les Alamans à Zulpich en 496. Par ce geste, qui mêle sans doute opportunisme politique et conviction personnelle, et dans lequel l'évêque de Reims saint Rémi eut sa part, aux côtés de celle de la reine, le souverain franc conquiert l'appui de toute la hiérarchie épiscopale, en son royaume et même au-delà. Depuis le royaume arien des Burgondes, saint Avit, évêque de Vienne, ne célèbre-t-il pas en lui un nouveau Constantin et le plus sûr rempart du christianisme orthodoxe en Occident ? Et il n'est pas jusqu'à la campagne contre les Wisigoths ariens qui ne prenne l'allure d'une défense de la foi juste. Le baptême du roi à Reims, le 25 décembre 498 ou 499, devint l'événement fondateur de l'alliance qui se noua entre l'Eglise et le peuple franc, puis le royaume de France : le siège épiscopal rémois en tira argument pour réclamer, à l'avenir, le privilège d'accueillir le sacre des rois.

Est-ce devant la conversion du chef d'un si puissant voisin ou le reflux de l'arianisme face au dynamisme catholique, toujours est-il que le royaume burgonde suivit de près celui des Francs, par la conversion de son roi Sigismond (505-523). Dans la foulée de la reconquête justinienne, l'arianisme fut éliminé d'Afrique du Nord. En Italie, la disparition de la puissance ostrogothique l'éclipsa momentanément avant que les Lombards ne le réintroduisent, dernier peuple à se convertir au christianisme orthodoxe, dans la seconde moitié du VIIe siècle. Il avait été précédé en cela par les Wisigoths dont le roi Récarède proclama en 589, au concile de Tolède, la religion catholique dans toute l'Espagne. Le zèle de ses successeurs s'accompagna même, au cours du VIIe siècle, de mesures assez rudes contre les communautés juives de la péninsule.

La monarchie wisigothique fut ensuite la première à rechercher une légitimité religieuse à son pouvoir, en instaurant la cérémonie du sacre. Par ce rite, inspiré de l'Ancien Testament, l'Eglise donne une onction particulière au souverain, signe de sa bénédiction : le premier, le roi Vamba (672-680) la reçut des mains de l'archevêque de Tolède. S'il ne fut guère suivi sur le moment, un demi-siècle plus tard, Pépin le Bref s'en souvint pour fonder son pouvoir royal et celui de ses héritiers. Déjà présents à la cour des princes dont ils comptent parmi les conseillers les plus influents, les hommes d'Eglise s'introduisent donc sans cesse davantage dans les sphères du pouvoir. En retour, les puissants s'autorisent des interventions dans les affaires ecclésiastiques, de portée contradictoire, à suivre l'exemple de l'Eglise du royaume des Francs qui fut à la fois victime et bénéficiaire de l'ingérence des souverains mérovingiens, puis, au cours du VIIIe siècle, de celle des maires du palais pippinides. En effet, alors que certains princes puisaient dans les biens d'Eglise pour satisfaire l'appétit de leurs clientèles, d'autres se préoccupaient de faire la fortune du christianisme, tels Dagobert († 639) qui combla l'abbaye de Saint-Denis-en-France promue nécropole de la dynastie, Pépin de Herstal († 714) qui soutint les entreprises missionnaires en Frise, ou Pépin le Bref († 768) qui se préoccupa de restaurer la discipline ecclésiastique.

L'évangélisation devient l'affaire des souverains autant que celles des évêques ou des moines, sur lesquels repose cependant toute l'action menée en profondeur.

Evêques et moines

Par la conversion des princes et des puissants, l'Eglise espérait entraîner celle de tout le peuple placé sous leur autorité : la tradition ne veut-elle pas que trois mille de ses guerriers aient reçu le baptême en même temps que Clovis, à suivre le récit de Grégoire de Tours ? Il restait alors à instruire les fidèles du contenu de leur nouvelle religion et à leur en inculquer les pratiques.

Ce fut tout d'abord l'œuvre de l'évêque, dans le cadre de la cité. Bien souvent seul dignitaire à maintenir sa présence aux temps les plus troublés de l'instauration des royaumes barbares, celui-ci fit alors figure de père de la cité. Peut-être est-ce la raison pour laquelle cette circonscription territoriale, administrative autant que religieuse, reçut plus tard le nom de diocèse, terme dérivé du grec « administration de la maison », alors que le vocable « cité » ne désignait plus le territoire mais uniquement la ville chef-lieu. Dans l'espace qui lui était confié, l'évêque usa de son autorité morale pour relayer les comtes en période de vacance du pouvoir, voire, ultérieurement, s'opposer à leurs abus. Mais, s'il fut amené par les circonstances à assumer ce rôle politique, au sens étymologique de « relatif aux affaires de la cité », l'évêque demeure avant tout investi de prérogatives religieuses, tâche dans laquelle il est secondé par un clergé urbain, à l'origine des futurs chapitres cathédraux. Ces clercs sont formés sous son autorité dans une école cathédrale, puis il contrôle leur accès aux divers degrés des ordres sacrés (ordres mineurs, portier, lecteur, exorciste, acolyte, suivis des ordres majeurs, sous-diacre, diacre, prêtre), lui seul étant titulaire de la « plénitude du sacerdoce » à la suite de son ordination épiscopale. La responsabilité de l'évêque s'étend à l'ensemble du peuple de la cité : il doit l'instruire et veiller à ce que lui soient prodigués les divers sacrements de la vie chrétienne. C'est pourquoi il est astreint à prêcher lors des grandes fêtes devant tous les fidèles du diocèse rassemblés dans l'église-cathédrale, qui n'est autre que l'église pourvue d'un siège (*cathedra*) du haut duquel l'évêque préside les cérémonies liturgiques. Pour Pâques, la fête chrétienne majeure, il introduit les nouveaux convertis au sein de la communauté des croyants en leur conférant les deux sacrements alors associés du baptême et de la confirmation. A son caractère liturgique, la sollicitude épiscopale ajoute une dimension caritative. En effet, il est établi que le quart des biens attachés à l'église-cathédrale et, en théorie, à toute église, doit être dévolu aux pauvres, les trois autres quarts permettant l'entretien des bâtiments, la vie de l'évêque et de ses familiers, ainsi que celle du clergé. Aussi, en plus des distributions circonstancielles auxquelles ils procédaient en période de soudure alimentaire ou de graves famines, les établissements ecclésiastiques prirent en charge l'entretien de miséreux, dont ils dressaient la liste, le matricule des pauvres. Ces derniers reçurent le nom de marguilliers et l'on peut imaginer qu'ils se livraient à de menus travaux d'entretien dans les sanctuaires, en échange du gîte et de la nourriture. De même que l'évêque est « père » de son diocèse, l'église-cathédrale en est la « mère ».

Cependant, une telle organisation, bien adaptée aux petites surfaces des cités méridionales, s'avéra difficile à transposer dans les circonscriptions plus vastes des régions tardivement romanisées du Nord. Aussi l'évêque dut-il progressivement déléguer une partie de ses fonctions au clergé urbain qui l'entourait, puis à des desservants résidant dans les campagnes, plus à même d'assurer l'encadrement religieux quotidien de populations éloignées du centre du diocèse. Il ne le fit qu'avec circonspection. Ces prêtres, qu'il devait choisir instruits en conséquence, durent à leur tour prêcher et purent administrer certains sacrements (célébrer l'eucharistie, baptiser, en attendant que l'évêque lui-même ne vienne confirmer les nouveaux chrétiens, et assurer les cérémonies de funérailles), dans des oratoires édifiés au centre des bourgs ruraux ou sur les grands domaines privés. C'est ainsi que, peu à peu, se mit en place le réseau paroissial. Toutes les chapelles privées ne furent cependant pas élevées au rang de paroisses : elles devaient justifier cette promotion par l'importance de leur centre de peuplement et leur éloignement du chef-lieu du diocèse. Certaines demeurèrent simples lieux de culte où un chapelain célébrait la messe et, au mieux, récitait l'office — les prières des différentes heures de la journée, également en usage dans le monde monastique ; celui-ci pouvait être nommé par le maître du domaine, parfois hors de tout contrôle épiscopal.

Du IVe au VIIe siècle, des évêques aux fortes personnalités marquèrent la christianisation de l'Occident : beaucoup furent l'objet d'un culte authentifié par l'Eglise, puis choisis comme patrons des paroisses de leur cité et des campagnes voisines, tels saint Hilaire († vers 367) en Poitou, saint Germain († 448) en Auxerrois, saint Ouen († vers 684) autour de Rouen ; le rayonnement de certains d'entre eux dépasse le cadre purement local ; le plus célèbre fut, en Gaule, l'évêque de Tours saint Martin († 397). Leurs collègues ne furent pas tous à la hauteur de cet héritage ; parfois trop compromis avec le pouvoir politique, ils perdirent leur crédit et la confiance des populations se tourna vers le monde monastique.

Les moines apportèrent une contribution de poids à la christianisation de l'Occident, bien que ce ne soit pas leur vocation première, puisqu'ils font, seuls (les ermites) ou en communauté (les cénobites), le choix d'une vie retirée du monde, entièrement vouée à la prière, pour laquelle il n'est pas impératif de recevoir les ordres sacerdotaux. Dès les premiers siècles, le monde chrétien a connu ces formes de vie religieuse, dont il n'a d'ailleurs pas le monopole, dans les déserts d'Egypte ou d'Asie Mineure. Les « Pères du désert » furent imités en Occident, le long des côtes du sud de l'Italie et de la Provence, ou bien, plus au nord, dans ce désert particulier qu'est la forêt. L'expansion de l'érémitisme demeure délicate à saisir avec précision ; cependant, on la devine considérable et décisive pour la christianisation des campagnes. Des communautés, mieux connues et promises à un riche avenir, furent fondées dès le IVe siècle, dont celle des îles de Lérins par saint Honorat. A Marmoutier, près de Tours, saint Martin donna l'exemple, suivi par de nombreuses cités, en créant un établissement périurbain dans lequel il aimait faire retraite : les modes de vie séculier et régulier n'étaient pas encore aussi nettement séparés qu'ils le devinrent par la suite. Mais c'est en Italie que le monachisme reçut une impulsion décisive sous l'influence de saint Benoît de Nursie († vers 547), fondateur des deux communautés de Subiaco et du mont Cassin et qui, à la suite de nombreux maîtres spirituels, mit par écrit sa règle de vie, destinée aux débutants. Sa profonde sagesse, empreinte de souplesse et de modération, la fit remarquer par le pape saint Grégoire le Grand († 604) qui en assura la diffusion au-delà de la péninsule.

Simultanément l'Irlande, récemment christianisée par

saint Patrick, développa une vie monastique aux caractères originaux. Egalement inspirés par les Pères du désert, les moines irlandais s'en distinguent cependant par leur goût accentué des pratiques ascétiques, un recrutement très dépendant des réseaux familiaux et l'introduction, dans leurs communautés, d'écoles destinées à enseigner la langue liturgique, le latin, dont ils étaient ignorants à la différence de leurs homologues continentaux. De la sorte, leurs maisons devinrent vite de prestigieux foyers de culture. En outre, en l'absence de structures diocésaines dans une île qui n'avait pas été romanisée, leurs communautés furent amenées à jouer un rôle pastoral auprès des populations voisines, sous la direction d'abbés ou de leurs représentants qui tenaient lieu d'évêques. Enfin, en plaçant au sommet du détachement l'abandon de la patrie pour une vie d'errance, les moines irlandais furent à l'origine d'un puissant courant missionnaire. Leur action se tourna vers l'Angleterre voisine où ils fondèrent les abbayes de Lindisfarne et Iona ; mais elle fut concurrencée par celle de saint Augustin de Cantorbéry, moine italien envoyé par le pape Grégoire le Grand convertir l'île, en 596. Les Irlandais furent donc surtout nombreux sur le continent : le plus célèbre d'entre eux, saint Colomban, débarque en Gaule en 590. Après la fondation de Luxeuil dans les Vosges, il se dirige vers l'Italie, laissant l'un de ses disciples, saint Gall, créer dans la Suisse actuelle l'abbaye qui porte son nom, pour s'établir en royaume lombard encore arien, à Bobbio. D'autres missionnaires poursuivirent son action en direction de la Frise et du monde germanique dont l'évangélisation, au VIIIe siècle, fut principalement l'œuvre de saint Boniface († 754).

Le zèle déployé par les Irlandais leur gagna la faveur de nombreuses familles aristocratiques qui leur offrirent des terres pour l'implantation de leurs monastères. Ces maisons d'hommes et de femmes, alors fondées en nombre, conservent le caractère familial de tradition insulaire, propre à séduire la société des royaumes barbares : dirigées par les membres de la même souche de générations en générations, elles contribuent à l'éducation des filles et à l'accueil des veuves, et sont érigées en nécropole familiale. Peu coutumiers de la tutelle épiscopale qui s'exerce normalement sur tout établissement religieux du diocèse, les Irlandais et leurs émules s'attachent à obtenir pour leurs fondations des privilèges d'indépendance à son égard. Cependant, toutes les communautés nouvelles n'adoptèrent pas l'intégralité des usages venus du monde celtique ; une grande majorité en tempéra la rigueur par des coutumes particulières ou puisées dans les règles des maîtres latins. Ces « règles mixtes » contribuent à diversifier le monachisme occidental tandis qu'à son tour, celui-ci marque les campagnes de son rayonnement spirituel et culturel, confortant l'action du clergé séculier. Sans doute lui doit-on la diffusion de la pratique de la pénitence tarifée, qui vint alors supplanter le régime de la pénitence antique. Au statut de « pénitent » que l'Eglise imposait à vie aux coupables de fautes graves, marqué par de lourds renoncements (chasteté dans le mariage, interdiction de porter les armes, abstention de toute réjouissance sociale), les Irlandais substituèrent, sur le modèle des droits barbares, un système de peines (prières, jeûnes ou aumônes) renouvelables et proportionnelles à la gravité des fautes commises. Cette discipline pénitentielle persista en Occident jusqu'à l'introduction de la confession individuelle des péchés, à partir du XIIᵉ siècle, qui ne se donne plus pour seul objet de punir mais veut aussi éduquer les consciences et faire passer dans les mœurs les exigences de la doctrine chrétienne.

L'élaboration d'une culture chrétienne

Sous l'action conjuguée des évêques et des moines, le christianisme gagna, sans doute plus profondément qu'on ne l'a cru, le monde des royaumes barbares, au point qu'il n'est pas abusif d'évoquer à ce propos l'émergence d'une civilisation chrétienne.

L'imprégnation des esprits par son enseignement et ses usages doit beaucoup à la vie liturgique déployée dans les églises : célébration de la messe, mais aussi prière régulière des heures, au cours de la journée, à huit reprises, assurée par les communautés monastiques ou le clergé urbain dans la cathédrale, offices auxquels les fidèles sont invités à venir se joindre, comme le montre la correspondance de saint Césaire, évêque d'Arles († 542). Les pratiques liturgiques, toutes fondées sur les mêmes gestes et prières, connaissent cependant des variantes d'un diocèse à l'autre, notamment en matière de chant. Plusieurs traditions chorales demeurèrent longtemps célèbres, telle celle de la cathédrale de Milan née sous l'épiscopat de saint Ambroise (IVe siècle). Mais la beauté des cérémonies romaines, plus dépouillées que celles des Francs ou des Celtes, commence à séduire. Quelques coutumes mineures dans la célébration eucharistique ou les contraintes en matière de coiffure imposées au clergé distinguent déjà les Occidentaux des chrétiens orientaux, sans être pour autant ressenties comme source de rupture. Le magistère — papes et évêques — semble davantage préoccupé par la persistance d'habitudes païennes, cultes de la nature ou consultation des sorts. Les statuts des conciles rédigés par les évêques ou les pénitentiels, ces livres qui dressent la liste des fautes et la peine correspondante, les mentionnent d'abondance ; mais n'est-ce pas leur rôle que de les dénoncer ? Il est bien délicat d'en tirer argument quant à leur réelle pratique. La persistance de ces traditions et la pluralité des usages liturgiques qu'il découvrit en parcourant la Gaule sur le chemin de l'Angleterre, frappèrent le moine Augustin ; il s'en ouvrit dans sa correspondance au pape Grégoire qui lui apporta des réponses nuancées, riches d'enseignement sur la manière dont l'Eglise concevait alors son action pastorale.

L'un des signes d'une réelle christianisation provient de l'évolution des usages en matière d'inhumation, révélés par l'archéologie funéraire. A la coutume païenne qui voulait que le défunt soit enterré avec des objets quotidiens et les marques de sa qualité sociale (aliments, meubles ou armes pour les guerriers), se substitue peu à peu celle d'une sépulture dépourvue de tout mobilier, parfois garnie de pots à eau bénite et encens. De plus, au lieu de localiser les cimetières en rase campagne, comme le faisaient les Germains, ou hors des villes, suivant les mœurs antiques, il parut plus propice au salut de grouper les tombes autour de celles des saints, ou près des sanctuaires qui renferment leurs ossements, fussent-ils à l'intérieur des murailles de la cité : ce sont les sépultures *ad sanctos* qui entourent tous les lieux de culte et donnent naissance aux cimetières paroissiaux modernes. La multiplication des édifices religieux dans le paysage vient également appuyer la pénétration du christianisme. Les cités se dotent alors de plusieurs églises : le baptistère pour la cérémonie de l'initiation chrétienne qui se fait encore par immersion totale, une ou deux grandes églises pour les fêtes qui rassemblent tous les fidèles du diocèse, une église dédiée à la Vierge Marie, une ou plusieurs autres, le cas échéant, pour des communautés monastiques ; leur ensemble constitue le « groupe épiscopal ». A la périphérie se dressent en outre des églises d'origine cimétériales qui abritèrent ensuite, elles aussi, des communautés monastiques. Ces sanctuaires, couverts d'un plafond en bois, reprennent en général le plan à une ou trois nefs des basiliques paléo-chrétiennes. De plus modestes oratoires, souvent composés d'une nef unique et d'un chœur, sont érigés dans les campagnes. Et lorsque ces lieux de culte prennent la suite d'édifices antiques, c'est avant tout pour faire usage des structures bâties disponibles, et non pour assurer une quelconque continuité religieuse que dément souvent l'archéologie par la détection de longues phases de rupture dans l'occupation du site. Leur décor, mal connu, pouvait être recherché comme l'atteste, ici ou là, des fragments de barrières de chœur sculptées, de mosaïques ou de stucs.

Mais les créateurs « barbares » furent encore plus à l'aise dans les arts du métal, dont leurs ancêtres germains étaient déjà familiers. Du nord au sud de l'Europe, de nombreux objets d'orfèvrerie en témoignent : plaques-boucles de ceinture, armes de parade, vases liturgiques, jusqu'à ces couronnes votives ornées de pierres précieuses et de pendeloques que les souverains wisigoths suspendaient en reconnaissance dans les sanctuaires. L'époque se distingua enfin dans l'art de l'enluminure des manuscrits : l'exemple vint du monde insulaire (Irlande, Angleterre) où des pages entières d'évangéliaires ou de psautiers furent couvertes d'entrelacs et d'animaux fantastiques dont les motifs se retrouvent sur les croix celtiques. Ces somptueux ouvrages, la plupart du temps réservés à des fins liturgiques, proviennent des foyers de culture que furent les grands monastères irlandais et anglo-saxons. C'est entre leurs murs, puis ceux de quelques monastères continentaux ainsi que d'écoles urbaines en Italie et dans le sud de l'Espagne et de la Gaule, que se maintint la discipline de l'école antique, la pratique des arts libéraux divisés en deux groupes, le *trivium* (grammaire, rhétorique, dialectique) et le *quadrivium* (arithmétique, géométrie, musique, astronomie). Quoi qu'en pensent les esprits chagrins, les lettres n'étaient pas totalement mortes. Elles s'illustrèrent spécialement dans deux genres, l'hagiographie, célébration

de la vie et de l'action des saints, dont la diffusion par des
canaux oraux n'a pu manquer de contribuer à forger une
culture chrétienne occidentale, et l'histoire, comprise non
pas comme simple récit de faits, mais comme démonstra-
tion de l'intervention divine à travers les revers et la fortune d'un peuple : chacun eut donc son hérault, Grégoire
de Tours pour les Francs (fin du VIe siècle), Isidore de
Séville pour les Wisigoths (début du VIIe siècle), Bède le
Vénérable pour les Angles (début du VIIIe siècle) et Paul
Diacre pour les Lombards (fin du VIIIe siècle), qui introduit
déjà aux temps carolingiens...

CHAPITRE III

LES AMBITIONS CAROLINGIENNES

Après une phase de morcellement politique aux temps des royaumes barbares, l'Europe occidentale connut, sous les premiers Carolingiens (nom porté par la dynastie qu'illustra Charlemagne, *Carolus Magnus*), un temps de retour à l'unité consacré par la restauration de l'Empire, selon le modèle romain. Mais cette unité s'avère fragile et difficile à maintenir après les règnes de Charlemagne et de son fils Louis le Pieux ; elle n'en a pas moins laissé un prestigieux héritage, notamment dans le domaine religieux et artistique, en s'appuyant sur une certaine prospérité.

L'Occident réunifié en un empire

L'unification territoriale la plus imposante jamais réalisée depuis l'effondrement de l'Empire romain en Occident fut menée à bien par Charles, issu de la famille aristocratique des Pippinides (du nom de leur ancêtre fondateur, Pépin l'Ancien † en 640). Elle lui valut ce surnom de « grand » désormais accolé à son nom. Sans vouloir minimiser ses talents de conquérant ni son autorité naturelle, on ne saurait sous-estimer tout ce qu'il doit à la réussite exceptionnelle de sa famille.

L'irrésistible ascension des Pippinides, l'une de ces nombreuses familles aristocratiques autour desquelles on a vu se construire la société du Haut Moyen Age, date du milieu du VIIᵉ siècle. Mieux encore que les autres, celle-ci sut concentrer un faisceau d'atouts majeurs. C'est tout d'abord un ensemble de plus de 90 immenses domaines, situés le long de la vallée de la Meuse, axe économique alors en pleine expansion. A cette source de puissance matérielle s'en ajoute une deuxième, d'origine sociale : la constitution de solides alliances familiales et de réseaux de clientèles aux ramifications profondes, notamment en Austrasie. Les

Pippinides purent enfin compter sur un dernier élément, non des moindres, à l'époque, de nature religieuse : l'appui de leurs nombreuses fondations monastiques, tant masculines que féminines, ainsi que la présence dans la famille de plusieurs saints : l'évêque de Metz, Arnoul († vers 640) ainsi que sainte Ide, épouse de Pépin l'Ancien († en 652) et leur fille Gertrude, abbesse du monastère de Nivelle fondé par sa mère († en 659). Aussi, l'Eglise, bien que spoliée par Charles Martel († en 741) accusé d'avoir distribué de nombreux domaines ecclésiastiques à son entourage laïque, ne ménagea pas son soutien à la famille.

Devenus maires du palais, les Pippinides furent, à plusieurs reprises, appelés à l'aide par le pape, laissé seul par Byzance face aux ambitions lombardes. En retour, c'est au pape que Pépin III dit le Bref demande de légitimer son renversement du dernier Mérovingien, puisque tel est l'appellation des souverains francs descendants de Clovis, du nom d'un ancêtre mythique, Mérovée, qui aurait vécu au milieu du Ve siècle. Mieux encore, Pépin fait sanctionner par une onction spéciale son accès au pouvoir suprême : un premier sacre eut lieu en 751, le second, des mains mêmes du pape Etienne II, en 754, fut étendu à ses deux fils, Carloman et Charles.

La mort de Pépin III en 768, puis celle de Carloman en 771, laisse donc Charles seul héritier du royaume des Francs. Au capital de puissance accumulé par ses ancêtres, il va ajouter l'immense prestige du guerrier victorieux, une source alors décisive de légitimité. De 768 à 800 environ, il agrandit considérablement l'héritage paternel : les contemporains évoquent l'entreprise en termes de *dilatatio regni* (extension du royaume). Toujours à l'appel du pape, il intervient tout d'abord en Italie où il met définitivement fin aux intrigues lombardes par sa victoire sur le roi Didier en 774. Il annexe le royaume et cumule alors le titre de roi des Lombards avec celui de roi des Francs. Puis il confirme, mais sans l'étendre davantage, la donation territoriale concédée par son père au siège apostolique, le patrimoine de Pierre, bande de terres qui traverse en écharpe la péninsule de Rome à Ravenne. L'Italie est peu à peu francisée, à l'exception des territoires situés au sud de Rome, les deux principautés lombardes de Spolète et de Bénévent, toujours en place, ainsi que les enclaves byzantines. A l'est, Charles obtient tout d'abord la soumission

définitive de la Bavière (778), puis réussit à s'emparer en
796 du célèbre Ring des Avars (camp en forme circulaire
où étaient amassées leurs richesses). En outre, très tôt, il
dirigea ses ambitions vers la Saxe qui lui opposa une vive
résistance et ne fut guère pacifiée avant la fin de son règne,
au prix de méthodes d'une rare violence : la peine de mort
sanctionne toute opposition religieuse ou politique, dans le
premier capitulaire saxon, en 785, qui fut suivi d'un second,
plus modéré, en 797. Vers le sud, ses entreprises furent
moins heureuses : le désastre de Roncevaux (778) n'est pas
un simple morceau de littérature ! Cependant, Charlemagne
parvint peu à peu à annexer la région comprise entre les
Pyrénées et l'Ebre, qui devint la Marche d'Espagne.

A l'exception des îles Britanniques, de la Bretagne
actuelle et de la Gascogne (rive gauche de la Garonne),
sans parler, dans les péninsules ibérique et italienne, des
terres lombardes, islamiques ou byzantines, la majorité de
l'Europe occidentale se trouve donc réunie sous l'autorité
du prince franc. De si grandes conquêtes assurent à leur
auteur une stature exceptionnelle et le dotent d'un prestige
supérieur à celui de tous ses prédécesseurs, d'autant que
la politique de christianisation qui, le cas échéant,
accompagne systématiquement les annexions, fait de lui le
grand défenseur et le promoteur de la foi chrétienne. Il
n'est donc pas surprenant que les comparaisons qui viennent alors sous la plume des lettrés de son entourage se
portent vers le premier empereur converti, Constantin, ou
le roi biblique David, modèles par excellence du prince
chrétien. L'idée d'une restauration impériale en Occident
(*renovatio imperii*) se fait alors jour. Deux éléments viennent en accélérer la mise en œuvre : l'arrivée sur le trône
byzantin d'une femme, Irène, ce qui, bien qu'elle ait pris
le titre masculin d'empereur, fut assimilé à une vacance du
pouvoir, et la conviction, du côté pontifical, qu'un empereur serait un soutien plus efficace pour le siège de Pierre
qu'un simple roi, fût-il très puissant. C'est ainsi que le pape
Léon III couronna Charles empereur le jour de Noël 800.
Mais les deux parties ne donnèrent pas le même sens à la
cérémonie. En effet, le pape voulut que son initiative mar-
quât la prééminence du pouvoir spirituel sur le pouvoir
temporel : il couronna lui-même le prince, avant de s'incliner devant lui et de le laisser enfin acclamer par le peuple.
Charles, à croire son biographe Eginhard, fut irrité de cet

ordonnancement car il considérait le titre impérial comme une distinction avant tout personnelle et eut en conséquence souhaité que le rituel demeurât conforme à celui de Byzance où l'empereur est d'abord acclamé par le peuple, avant que le fait ne soit ratifié par le patriarche lors du couronnement à Sainte-Sophie. Ainsi, se trouve déjà posée la question, récurrente tout au long du Moyen Age, de l'équilibre entre les pouvoirs du pape et de l'empereur dans le co-gouvernement de la société des chrétiens.

Renaissance politique, culturelle et religieuse

Qualifier la période carolingienne de renaissance n'est pas un abus de langage ; en effet, dans les domaines religieux, culturel et politique, se manifeste un net renouveau, dont la référence constante est l'Antiquité romaine et chrétienne. Se forge alors une civilisation commune à tout l'Occident, prélude à la future chrétienté.

A cet empire, étendu sur 1 200 000 km^2 et sans doute alors peuplé de 15 millions d'habitants, Charlemagne souhaite donner un gouvernement aussi unifié que possible. La dignité impériale semble avoir accru, chez lui, le sens de la responsabilité qui est la sienne et dont il aura à rendre compte devant Dieu. Conseillé de lettrés clercs et laïcs, il entreprend de construire une sorte de « république chrétienne », à l'élaboration de laquelle il associe tous les hommes libres par un serment de fidélité prêté, dès l'âge de douze ans, à sa personne et à son « projet de gouvernement ». A son propos, certains historiens n'hésitent pas à évoquer une véritable renaissance de la notion d'Etat.

En effet, tout en ménageant les particularismes des royaumes comme l'Aquitaine, la Bavière ou l'Italie, Charlemagne dote l'Empire d'institutions communes accompagnées de réels moyens de contrôle. Il stabilise le pouvoir central dans une capitale, Aix-la-Chapelle, dont la parure monumentale, palais et chapelle palatine, ainsi que l'urbanisme se veulent à l'imitation de Constantinople. Le prince y vit entouré de sa famille et de ses officiers domestiques et gouvernementaux dont l'archichapelain, sorte de chancelier. Il peut y convoquer l'assemblée annuelle des dignitaires laïcs et ecclésiastiques, le plaid général, qui s'est encore souvent tenu, sous son règne, dans d'autres cités de l'Empire. Au terme de ces réunions sont élaborés les capitulaires, longs documents divisés en chapitres (*capitula*) qui consignent la volonté de l'empereur : il est révélateur de constater que leur nombre a considérablement augmenté au lendemain du couronnement impérial.

L'activité législatrice est répercutée dans les provinces par les comtes, rouages essentiels du pouvoir. Présents à la tête de chacun des 200 comtés de l'Empire — unité correspondant aux anciens pays (*pagi*) —, ils concentrent entre leurs mains toutes les attributions du prince : gestion des domaines du souverain (les biens du fisc), levée de l'armée, perception des impôts et exercice de la justice dans le cadre du *mallus* ou tribunal comtal. Ils sont secondés par un vicomte (*vice-comes*) et, aux échelons inférieurs, par les viguiers et les centeniers. Seules échappent à leurs attributions les terres du fisc ou d'Eglise qui sont dotées de privilèges d'immunité, par lesquels leurs possesseurs sont libres de les administrer directement, à charge pour eux de livrer au prince leur tribut et leur contingent armé. Enfin, les comtes et leurs collaborateurs doivent s'attendre à être, en théorie, régulièrement contrôlés par des agents nommés par l'empereur, les *missi dominici*, qui, par deux, un clerc et un laïc afin de cumuler toutes les compétences et de se surveiller mutuellement, sont envoyés en mission d'inspection, d'où leur nom. Après avoir parcouru en moyenne une dizaine de comtés à chaque reprise — et ils peuvent accomplir plusieurs missions par an —, ils viennent rendre leur rapport au souverain, qui peut alors sanctionner ou gratifier, selon les cas. Cette rénovation d'une institution de contrôle constitue sans nul doute la meilleure preuve du souci d'efficacité qui anime Charlemagne dans le gouvernement de l'Empire. Encore devait-il pouvoir compter sur un personnel compétent, à savoir lettré, et suffisamment nombreux pour servir ses desseins avec la régularité indispensable à leur mise en œuvre...

La renaissance culturelle s'inscrit donc au cœur du programme carolingien, tout d'abord comme agent unificateur des divers peuples de l'Empire : dès le règne de Charlemagne, ses principaux acteurs ne proviennent-ils pas d'Angleterre (Alcuin), d'Espagne (Théodulfe) et d'Italie (Paul Diacre) ? Une brillante vie culturelle sert également le prestige d'un souverain qui tente d'égaler Byzance : les monuments occidentaux doivent rivaliser avec les plus beaux fleurons orientaux, et les savants de l'Empire pouvoir intervenir avec pertinence dans les débats théologiques ou politiques. Enfin, il est attendu de tous ces nouveaux maîtres qu'ils forment des serviteurs zélés et compétents de l'Eglise et de l'Etat carolingien.

C'est pourquoi, bien que Charlemagne n'ait pas « inventé l'école », il est de fait qu'il a largement contribué à la rénover dans un Occident où la pratique des lettres avait été quelque peu délaissée au profit d'une culture orale. L'exemple vint de haut, de l'entourage même de l'empereur qui réunit à Aix-la-Chapelle un groupe actif de savants en toutes disciplines, qu'il fréquentait régulièrement. Sur le modèle antique, ils se constituèrent en une « académie palatine », dont les membres empruntaient des surnoms aux héros du passé (Charles était ainsi nommé David, son gendre Angilbert, abbé de Saint-Riquier, Homère, le grand savant Alcuin, Horace) et ils se stimulaient mutuellement par une pratique quotidienne des joutes intellectuelles, jusque dans les célèbres bains où Charles aimait se détendre, rapporte Eginhard. Les plus brillants sujets de l'Empire étaient admis à venir bénéficier de leur fréquentation, pour ensuite essaimer à leur tour dans les provinces. En effet, les capitulaires multiplient les injonctions de création d'écoles, auprès des monastères ou des cathédrales : elles accueillent les futurs hommes d'Eglise et sont également accessibles aux enfants de l'aristocratie, voire à ceux de familles plus modestes, installées sur les terres des établissements religieux. Certains esprits y furent distingués et firent de belles carrières, tel Eginhard, dont les parents étaient des dépendants de l'abbaye de Fulda, à savoir des personnes soumises corps et biens à la communauté monastique, à son service sur place ou dans ses domaines. Enfin, la correspondance de l'évêque d'Orléans Théodulfe révèle la présence, dans son diocèse, d'écoles rurales ; mais sans doute est-ce là une exception.

Le renouveau des études débuta par l'enseignement des disciplines de base. Il fut marqué dans un premier temps par la mise au point d'une écriture lisible et pratique, la minuscule caroline, qui servit encore de modèle aux premiers imprimeurs (caractères dits romains). L'introduction de cette écriture cursive, aux lettres beaucoup plus faciles à tracer que celles des graphies antérieures, allégea la fabrication des documents écrits et contribua à en diffuser l'usage dans les chancelleries et les milieux des grands, laïcs comme ecclésiastiques. La priorité fut ensuite donnée à l'apprentissage de la langue latine, par la grammaire et la rhétorique ; la dialectique et les autres disciplines scientifiques des arts libéraux hérités de l'Antiquité (géométrie, arithmétique, astronomie et musique) furent développées dans un second temps, avec un succès inégal. Il importait avant tout de constituer des instruments de travail fiables, d'où l'importance accordée à la copie, dans une langue correcte, des livres de l'Antiquité profane et chrétienne. Alcuin lui-même corrigea le texte latin de la Bible alors en usage : il en expurgea les fautes de grammaire et en vérifia la fiabilité à l'aide de versions autorisées, plus anciennes. Les ouvrages de référence ainsi mis au point sont empruntés d'une bibliothèque monastique à l'autre, dans le souci constant d'enrichir les fonds par des copies effectuées à partir de la meilleure version, comme il en est à Fulda, Saint-Gall ou Corbie, par exemple.

Les résultats ne se firent pas attendre. Charlemagne et ses successeurs virent fleurir des générations de lettrés tant dans la partie orientale qu'occidentale de l'Empire. Encouragés par le mécénat des souverains et des grands, les arts connurent une période faste : construction de plus de 440 édifices religieux richement décorés (dont, encore visibles de nos jours, la chapelle d'Aix ou l'oratoire privé de Théodulfe d'Orléans à Germigny-des-Prés), développement du travail de l'ivoire et des métaux précieux, apparition d'ateliers d'enluminure qui produisirent de somptueux ouvrages, certains sur parchemin au fond pourpre, d'autres écrits en lettres d'or (sacramentaire de Drogon, évêque de Metz).

De tout ce renouveau, l'Eglise fut la plus grande bénéficiaire. En effet, l'empereur ne se sent pas responsable de la seule destinée terrestre de ses sujets mais également de leur vie éternelle. Source de salut et ferment d'unité de l'Empire, les valeurs chrétiennes doivent être partagées par tous : il importe donc de convertir les païens nouvellement intégrés, tels les Saxons, fût-ce au prix de violences qui furent dénoncées par Alcuin. L'ensemble de l'action de Charles s'enracine dans le christianisme et ses décisions sont inspirées par le souci de voir toujours mieux illustré l'idéal chrétien. Au nom de sa mission, il s'autorise à donner aux clercs des ordres pour améliorer leur comportement et, en retour, attend d'eux qu'ils servent son dessein, depuis les hauts dignitaires, au service du prince, jusqu'aux desservants de paroisse chargés de relayer ses décisions lors du prône dominical, sans oublier les contemplatifs dont la fonction, primordiale, est de prier nuit et jour pour le salut de l'Empire et de ses responsables.

A l'unité administrative de l'Empire doit répondre celle de sa hiérarchie ecclésiastique. Les divers diocèses sont à nouveau groupés en provinces ecclésiastiques dont le découpage reprend, pour beaucoup, celui des provinces romaines. Leurs évêques sont placés sous la houlette d'un métropolitain (terme amené à se confondre avec celui d'archevêque, titre alors purement honorifique), dont la cité a donc rang de métropole, Mayence, Lyon ou Tours, par exemple. Il est chargé de veiller à l'action des évêques de sa circonscription, ses suffragants, de même que chaque évêque, sur son propre territoire, au recrutement d'un clergé compétent ainsi qu'à sa formation et à son contrôle. C'est pourquoi la réforme scolaire insiste tant sur la nécessité de bien apprendre à lire et à chanter, de sorte que les futurs clercs soient à la hauteur de leurs responsabilités, comprennent les formules qu'ils prononcent et célèbrent dignement la liturgie, selon les usages romains alors généralisés de la volonté de l'empereur. L'exemple doit leur venir du groupe qui entoure l'évêque à la cathédrale : les chanoines constitués en chapitre. Dès le milieu du VIIIᵉ siècle, l'évêque de Metz saint Chrodegang († 766) s'était préoccupé de leur réforme, les laissant libres de posséder des biens propres, mais les astreignant à une vie commune au chœur, pour chanter l'office, au réfectoire, pour les repas, et au dortoir, la nuit. Le concile d'Aix de 816 généralise cette règle à tous les chapitres de l'Empire, ce qui ne veut pas dire qu'elle fut immédiatement adoptée !

Une vie conforme à leur mission était également attendue des moines et moniales. Louis le Pieux, plus que Charlemagne, s'en préoccupa, secondé en cela par son ami le moine aquitain saint Benoît d'Aniane dont l'interprétation de la règle de saint Benoît de Nursie accentue la durée du temps de la prière, restaure le travail manuel et insiste sur la coupure des établissements monastiques avec le monde, les vouant à la fonction d'oraison aux dépens de l'action caritative. Ces dispositions furent reprises dans les canons du même concile d'Aix : il tenta de les étendre à toutes les communautés de l'Empire dans une entreprise d'uniformisation du monde monastique qui mit plusieurs siècles à se réaliser.

La restauration religieuse reposa enfin sur celle des biens d'Eglise. D'une part, les patrimoines ecclésiastiques augmentèrent sous l'effet de la générosité des princes et donateurs divers, et furent dotés de privilèges (immunité). D'autre part, afin d'assurer des revenus fixes au clergé, Charles, à la suite de Pépin le Bref, généralisa l'obligation du paiement de la dîme, cette redevance qui porte sur les fruits de la terre, d'un taux souvent inférieur au dixième, contrairement à ce que son nom laisse croire.

Une courte embellie économique

Grâce à l'apport de l'archéologie qui vient pallier la carence en sources de la pratique, il paraît désormais certain que les ambitions carolingiennes ont trouvé le soutien d'une réelle prospérité : elle s'est nourrie du butin des conquêtes et a bénéficié de la paix qui a suivi.

Les capitulaires, auxquels les questions économiques ne sont pas étrangères, traduisent le souci du prince de régner sur un peuple ordonné (lutte contre les vagabonds), industrieux (mesures contre l'oisiveté) et nombreux. Sur ce dernier point, il aura été satisfait : le défrichement de quelques terres, le fractionnement des unités d'exploitation, ainsi que plusieurs aperçus sur la démographie de domaines ruraux, indiquent une légère croissance de la population. Par ailleurs, la législation carolingienne favorise la constitution de familles stables et diffuse, notamment dans les milieux aristocratiques, le modèle chrétien du mariage, monogame, exogame, indissoluble et consensuel. Parmi les plus humbles, la famille dite aujourd'hui « nucléaire » (parents et enfants) commence à l'emporter sur les groupements plus larges.

L'activité humaine se consacre alors de manière presque exclusive au travail agricole qui est notamment décrit par un long document édicté pour améliorer la gestion des domaines du fisc : le capitulaire *De villis*. De leur côté, et sans doute à l'invitation du souverain, les propriétaires laïcs ou ecclésiastiques des grands domaines se préoccupèrent de faire dresser des inventaires des revenus qu'ils pouvaient en attendre, les polyptyques, dont l'un des plus célèbres est celui de l'abbé de Saint-Germain-des-Prés, Irminon. Sources irremplaçables dont l'interprétation ne cesse de diviser les historiens, ils laissent cependant dans l'ombre toute la petite propriété libre (les terres d'alleux), qui aurait subsisté en plus grande part dans le sud de l'Europe, alors qu'au nord, elle aurait été plus largement absorbée par la grande propriété.

L'exploitation d'un grand domaine repose sur sa division en deux parties : la réserve, un bon tiers de la surface totale, est mise en valeur en faire-valoir direct par des groupes serviles installés avec le maître dans la cour (*curtis*), centre d'habitation et d'exploitation doté des divers équipements (four, moulin, pressoir, brasserie) ; les manses, unités de redevances plus que d'exploitation, sont concédées à des tenanciers, libres ou dépendants, en échange de prestations en nature, plus rarement en argent, et en travail (les corvées) pour contribuer à la mise en valeur de la réserve ou répondre à tout autre besoin du domaine (ouvrages de clôture, charrois, c'est-à-dire transports de marchandises). Les corvées les plus lourdes pouvaient mobiliser le tenancier jusqu'à trois jours par semaine. Ce système requiert une main-d'œuvre abondante et stable : esclaves fournis par les conquêtes ou descendants des esclaves de l'Antiquité, hommes libres qui se placent sous la dépendance des puissants à la suite de revers de fortune ou, simplement, par incapacité à résister à la loi du plus fort ; les deux conditions finirent d'ailleurs par se rejoindre. Seule, l'Italie lombarde connaît quelques baux temporaires entre paysans et maîtres du sol.

Manses et réserves incluent chacune des terres labourables, des zones de vignobles et une portion de forêt, plus importante dans la part du maître. L'économie du grand domaine repose ainsi sur une polyculture céréalière, que complète la production des vignes ou des arbres fruitiers, et où l'élevage se glisse dans les zones humides et les terrains de pacage forestiers. Les résultats demeurent fragiles : ils dépendent de rendements encore faibles (sans doute supérieurs à trois pour un grain semé) et surtout irréguliers, soumis aux aléas météorologiques. L'outillage est majoritairement en bois, l'usage de la fumure limité aux terres horticoles et la rotation des cultures peu répandue. Cependant, ces îlots parfois surpeuplés qui émergent au milieu de vastes espaces vides, se sont avérés rentables, puisqu'ils sont parvenus à nourrir une population plus dense et même à libérer quelques surplus commercialisables.

L'économie domaniale n'a donc rien d'autarcique et le temps est révolu où l'on imaginait le monde carolingien quasiment privé d'échanges. Ces derniers furent servis par une habile politique monétaire. Tout en réaffirmant le monopole royal de la frappe de la monnaie, Charlemagne choisit prudemment de la cantonner à l'argent, plus à la mesure du commerce en vigueur : il créa le denier d'argent, de 1,7 g à partir d'une livre de 409 g. En outre, il fixa les unités de la monnaie de compte : la livre est divisée en 20 sous, et le sou en 12 deniers, système qui persista jusqu'à la fin de l'Ancien Régime.

Il paraît maintenant de plus en plus certain que, dès cette époque, l'argent commença de circuler dans les campagnes, par le jeu de modestes échanges sur les marchés locaux des bourgs ou *vici*. Le développement de ces derniers fut encouragé par la puissance publique et les maîtres du sol qui en retiraient de fructueux revenus en droits de péage et tonlieux. Ce commerce porte principalement sur les denrées agricoles et les produits de première nécessité, alors que dans les grands centres internationaux s'échangent, à côté du vin, du sel et des grains, des produits de luxe (métaux, peaux, soieries, épices...). Le long des rives de la mer du Nord, des vallées du Rhin, de la Meuse ou de l'Escaut surgissent de nouveaux ports tandis que s'étoffent les faubourgs de sites urbains plus anciens. La zone méditerranéenne n'est pas en reste, où Venise fait des débuts prometteurs. Les marchands locaux, juifs ou chrétiens, y côtoient des Syriens et autres « Sarrasins » venus de notre actuel Proche-Orient quand ce ne sont pas ces hommes du Nord qui vont bientôt faire parler d'eux de manière moins pacifique.

Les Carolingiens nourrirent de grandes ambitions pour cet immense royaume, devenu empire, qu'ils voulurent pacifier et unifier. Il serait fallacieux de n'en retenir que les turbulences ultérieures, contenues en germe dès le règne de Charlemagne. La place occupée par le grand empereur dans l'imaginaire médiéval ne doit rien au hasard : le vaste programme, élaboré sous son impulsion, de construction à l'échelle de l'Occident d'une « république chrétienne », servit encore longtemps de référence à ses successeurs.

CHAPITRE IV

LA RUPTURE DE L'UNITÉ

L'Empire carolingien ne survit pas à la mort du fils de Charlemagne, Louis le Pieux. L'Occident, soumis aux dernières vagues de migrations de population, connaît alors un long siècle et demi d'instabilité, au terme duquel il acquiert la physionomie qu'il conserve jusqu'au XIIIᵉ siècle.

L'éclatement de l'Empire

Pour brillante qu'elle fût, la construction carolingienne n'alla pas sans failles. Charlemagne les perçut sans doute dès la fin de son règne, mais ses successeurs eurent à les affronter directement.

A la mort de son père, en 814, Louis le Pieux, troisième fils légitime de l'empereur, demeurait l'unique héritier vivant, ce qui permit de conserver l'unité territoriale et le titre impérial pour une deuxième génération. Cependant, la coutume des Francs voulait que tous les fils légitimes aient part à la succession du père. Pour y sacrifier, Charlemagne lui-même conçut dès 806 un projet de partage entre ses fils alors en vie, sans y inclure le titre impérial : le considérait-il comme une dignité avant tout personnelle, ou avait-il compris que son attribution à l'un d'eux eût fait courir trop de risques ? Louis, qui eut trois fils d'un premier mariage, puis un quatrième, le futur Charles le Chauve, d'un second lit, aborda le problème dans un état d'esprit différent, en partie sous l'influence des hommes d'Eglise, très attachés à l'unité de l'Empire, garante de celle de l'Eglise. Mais toutes ses tentatives pour la sauvegarder, en confiant à l'aîné le titre impérial ainsi que la majorité du territoire et, sous son autorité, des royaumes satellites aux cadets, furent vouées à l'échec. Des luttes fratricides, qui débutèrent du vivant de l'empereur et se poursuivirent après sa mort, aboutirent au célèbre traité de Verdun (843) qui fixa pour des siècles la géographie politique de l'Occident. L'Empire fut divisé en trois parts, pour chacun des trois frères survivants : l'Est, le domaine germanique, revint à Louis le Germanique, l'Ouest, le domaine français, à Charles le Chauve et, à l'aîné Lothaire, le centre, une zone mal déterminée, source de conflits futurs (à propos de la Lorraine notamment) mais qui inclut les deux capitales, Rome et Aix-la-Chapelle, associées au titre impérial. Cette dignité demeure cependant dépourvue de grande signification, car les deux frères cadets agissent sur leurs terres en totale indépendance.

La partition demanda de longues enquêtes pour équilibrer les revenus des trois lots, mais elle ne suscita pas de graves oppositions dans la mesure où l'unité voulue par Charlemagne et Louis le Pieux était partout battue en brèche par l'affirmation de forts particularismes régionaux. Ces derniers ne constituèrent pourtant pas les critères décisifs du partage, hormis pour les trois royaumes d'Aquitaine, de Bavière et d'Italie, pour lesquels il fut très vite convenu qu'ils restaient acquis à celui qui les gouvernait déjà. En effet, pour ménager leur identité nettement marquée, dès le règne de Charlemagne, l'usage s'était imposé de leur donner à chacun un souverain particulier qui agissait sous la tutelle de l'empereur : ainsi Louis le Pieux fit-il ses premières armes comme roi d'Aquitaine. Celle-ci revint, après diverses vicissitudes, à Charles, alors que, depuis 818, Lothaire régnait en Italie et Louis en Bavière. D'autres régions, de taille plus modeste, manifestèrent également des tendances à l'autonomie, tels des groupes de comtés situés aux frontières, qui, pour mieux pourvoir à leur défense, avaient été constitués en duchés ou marches — sous la conduite d'un duc ou d'un marquis : les marches d'Espagne, du Frioul ou d'Autriche, entre autres. A un échelon encore inférieur, les terres d'Eglise pourvues de privilèges d'immunité se trouvèrent soustraites de jour en jour au contrôle central. En effet, les clercs, auxquels leur état interdit de verser le sang, durent confier à des laïcs la défense de leurs biens et l'exercice des prérogatives militaires comprises dans le statut d'immuniste, à savoir la levée de contingents pour l'armée royale ou impériale. Ils firent alors appel à des hommes de guerre, puissants s'ils les voulaient efficaces, plus faibles s'ils souhaitaient pouvoir les contrôler. Mais, dans l'un et l'autre cas, ces personnages,

baptisés avoués s'ils agissaient pour le compte d'un monastère et vidames pour celui d'une église-cathédrale, acquirent rapidement une influence décisive, voire
encombrante, par usurpation des autres domaines de
compétence de l'immuniste, notamment l'exercice de la
justice sur les habitants des terres qui leur avaient été
confiées.

La maîtrise administrative de l'immense territoire carolingien échappait donc sans cesse davantage à ses souverains, en dépit des institutions mises en place à cette fin.
Les *missi* semblent avoir été rapidement écrasés par
l'ampleur de leur tâche. En outre, issus de l'aristocratie,
presque tous sont du même rang que les comtes : inspec-
tant ceux qui les inspecteraient peut-être demain, il leur
était difficile d'exercer un contrôle efficace, à l'écart de
toute pression. Conscient du danger, Charlemagne imagina de s'attacher plus solidement la fidélité de ses serviteurs en instaurant avec eux des liens personnels d'homme
à homme, différents de ceux qu'engendrait le serment
général de fidélité. Cet engagement faisait de ceux qui le
prêtaient les *vassi dominici* (vassaux du maître). En
reconnaissance de leurs bons et loyaux services, le prince
leur concédait la jouissance temporaire de bénéfices, ces
derniers lui faisant retour à leur décès ou en cas de
déloyauté. Il pouvait s'agir de terres du fisc, des revenus
d'une riche abbaye impériale, de droits à percevoir, bref de
tous ces biens que les trois frères, lors du partage de Verdun, avaient veillé à répartir entre eux avec équité, puisqu'ils étaient la source de leur puissance sur le monde des
grands. En effet, chacun dans leur royaume, ils poursuivirent la politique de leurs grand-père et père qui s'étaient
attachés les services de l'aristocratie par d'amples distributions de biens. Mais l'absence de nouvelles conquêtes et la
multiplication des largesses prodiguées par les nouveaux
souverains tarirent rapidement leurs fonds. De leur côté,
les grandes familles s'employèrent à ce que tous les bénéfices concédés ainsi que les honneurs attachés aux charges
comtales en guise de rétribution (de même nature que les
bénéfices) demeurent dans leur patrimoine : et de fait
ceux-ci devinrent peu à peu héréditaires. Au cours du
IXe siècle, le prince dispose donc de moins en moins de
moyens d'action sur ses serviteurs et ne parvient plus à
les déplacer d'une région à l'autre. En Francie occidentale,

Charles le Chauve le reconnaît dès 877 dans le capitulaire de Quierzy-sur-Oise.

C'est ainsi que, dans tout l'ancien Empire carolingien, s'enracinent des dynasties de potentats locaux qui exercent encore le pouvoir au nom du souverain, dont ils savent se passer, à sa moindre défaillance. En outre, ils acquièrent une importance d'autant plus grande que, pour beaucoup, ils prennent en main, mieux que les rois, la défense de leur région contre de nouveaux assaillants extérieurs : à cette occasion, il leur arrive de s'arroger une autre prérogative royale, l'initiative de la construction de places fortifiées.

Les dernières invasions

Riche mais affaibli, l'Empire carolingien excita la convoitise de ses voisins. Trois peuples, les Sarrasins, les Vikings et les Hongrois menèrent contre lui, aux IXe et Xe siècles, des assauts répétés qui aboutirent à l'implantation durable des deux derniers en terre occidentale.

Au cours de la première moitié du IXe siècle, l'intensification des raids vikings, dont les premiers remontent à la fin du règne de Charlemagne, ne repose pas sur un plan général de conquête. Ces incursions relèvent plutôt de l'initiative de chefs locaux entraînant à leur suite des groupes d'aventuriers dans des entreprises de pillage. Le surpeuplement ou la faim de terres poussèrent sans doute sur les mers ces hommes du Nord, agriculteurs également rompus de longue date aux expéditions commerciales lointaines, mais plus encore, peut-être, la facilité avec laquelle s'offraient à eux, quasiment sans défense, les trésors accumulés par le monde carolingien. Les Danois se manifestèrent principalement sur les côtes de la Manche et de l'Atlantique, alors que les Norvégiens se dirigèrent vers les îles anglo-saxonnes et les Suédois vers la Baltique.

Partout les Vikings procèdent de la même manière : ils naviguent le long des côtes et pénètrent profondément à l'intérieur des terres en remontant les fleuves grâce à la nette supériorité que leur confèrent leurs longues embarcations dont l'archéologie a mis au jour de beaux spécimens utilisés pour la sépulture des chefs : ils sont nommés *langskip*, pour les navires de guerre, *knarr* pour ceux de commerce et non *drakkar*, terme impropre qui désigne leur figure de proue en forme de dragon. Mues à la voile et à la rame, ces embarcations contiennent jusqu'à une centaine d'hommes ; leur maniabilité permit aux pillards d'agir par surprise et de s'enfuir au plus vite, une fois leurs razzias accomplies. Ils choisirent pour cibles privilégiées les monastères et les villes, lieux d'accumulation de richesses monétaires et d'objets précieux, aisément transportables et négociables.

C'est la façade occidentale de l'Empire, à savoir le royaume de Charles le Chauve, qui fut leur principal théâtre d'opérations, au point de faire fuir à l'intérieur des terres les populations apeurées. Une chronique rapporte ainsi la course éperdue des moines de l'abbaye Saint-Philibert, dans l'île de Noirmoutier, venus se réfugier d'abord sur la terre ferme, à Grandlieu, poursuivant ensuite le long de la vallée de la Loire, pour aboutir enfin dans celle de la Saône, réputée plus calme, à Tournus, où ils s'établirent. Les côtes anglaises furent également durement touchées : comme en Francie, les populations durent payer tribut aux pirates (le *Danegeld*), et les souverains leur concédèrent, avant la fin du IXe siècle, la région appelée le Danelaw, près du tiers oriental de l'île. Sur le continent, il fallut attendre la fin du IXe siècle, avec l'échec du raid viking devant Paris en 885, pour voir s'amorcer le reflux. Le mouvement fut réellement endigué par la cession d'une partie de la Neustrie, en 911, par le roi de Francie occidentale Charles le Simple au chef danois Rollon : ces terres situées de part et d'autre de la Seine, à l'ouest de la vallée de l'Epte, constituent la future Normandie. Ses nouveaux maîtres, qui surent utiliser avec grande habileté les structures léguées par les Carolingiens, vont en faire l'une des régions les plus solides et les plus prospères du royaume occidental. Leur sédentarisation s'accompagna de leur christianisation, et s'avéra plus durable ici que dans les îles anglo-saxonnes.

Il n'est pas certain que les moines de Saint-Philibert de Noirmoutier aient fait un choix judicieux en s'installant dans la vallée de la Saône. Celle-ci, avec l'ensemble du couloir rhodanien et des régions méridionales, se trouvait, en effet, simultanément, exposée aux raids prédateurs de peuples venus de Méditerranée, les Sarrasins. Le terme désigne à l'époque médiévale tout musulman originaire de la péninsule ibérique, d'Afrique du Nord ou du Proche-Orient. Largement implantés sur le pourtour de la Méditerranée, ils y menèrent des actions de piraterie quasi permanentes, dont certaines débouchèrent sur la conquête d'îles importantes telles les Baléares (902) ou la prestigieuse Sicile, jusqu'alors aux mains des Byzantins et dont la dernière ville tombe en 902. Ils installent en outre des repaires le long des côtes, en Italie ou en Provence, d'où ils pénètrent dans les terres lors d'expéditions de pillage dirigées à nouveau contre les villes et les abbayes, au cours desquelles ils réduisent leurs prisonniers en esclavage et réclament de lourdes rançons. Ces agressions sarrasines, redoutées des populations, entretiennent en mer et sur toutes les côtes du sud de l'Empire un climat d'insécurité peu propice au développement des activités d'échange. Mais celles-ci ne cessent pas totalement pour autant, et s'accentuent même après la destruction des deux principales bases sarrasines, celle du Garigliano en 916 et celle de La Garde Freinet, près de Saint-Tropez, en 972-973.

Plus épargnés par les Vikings et les Sarrasins, les confins orientaux de l'Empire furent en revanche la proie des Hongrois, peuple encore plus redoutable, s'il faut en croire le terme forgé par le folklore populaire à partir de son nom, l'ogre. Les Hongrois appartiennent à ces groupes de cavaliers nomades turco-mongols venus de l'Asie centrale qui avaient déjà, à plusieurs reprises, dévasté l'Europe. Ils s'installèrent au cours du IXe siècle dans la plaine danubienne de Pannonie, le pays des Avars battus par Charlemagne, d'où ils partirent ravager le monde germanique. Leurs raids, réputés très dévastateurs, ne laissaient derrière eux que terre brûlée et ruines... Amorcés en 862, ils s'intensifièrent à partir de la fin du IXe siècle ; le souverain germanique, Otton Ier, qui, en 955, y mit fin à la bataille du Lechfeld, gagna par cette victoire un prestige qui lui permit, entre autres, de restaurer une dynastie impériale. Les Hongrois qui échappèrent au massacre furent alors installés dans la région désormais appelée la Hongrie ; ils y développèrent un Etat et se convertirent au christianisme sous Etienne Ier, couronné roi en 1000, mort en 1038 et canonisé en 1081.

Le monde carolingien enregistre donc de profondes mutations sous l'effet cumulé de sa crise interne et des sérieux coups de boutoirs qui lui sont portés de l'extérieur. Il serait cependant abusif de l'imaginer privé de vitalité : pour qui sait les discerner, les lueurs d'un renouveau apparaissent dans les régions les plus épargnées ou sous l'action paradoxalement stimulante des dernières « invasions », par leur apport — certes un peu brutal ! — de forces neuves.

L'Occident à l'aube de l'essor

S'il n'a pas été ce temps de désolations que l'on s'est plu à décrire, le Xe siècle, mal connu des historiens par manque de sources, en conséquence mal aimé, parfois baptisé le « siècle de fer » (Pierre Riché), fut à coup sûr celui qui vit mûrir un nouveau visage de l'Occident.

Plus précoces, les régions méridionales, la péninsule italienne ou la Catalogne, voire même certaines parties du couloir rhodanien, jusqu'au Mâconnais étudié par Georges Duby, enregistrent alors les premiers frémissements d'une reprise de l'activité économique : défrichements encore timides, reconstruction des édifices détruits, animation des ports et des villes. Les trésors prélevés par les razzias sont remis en circulation sous forme d'espèces monétaires qui viennent stimuler les échanges, jusque dans les régions pillées. L'archéologie confirme, notamment dans le nord-ouest de l'Europe, le fait que le passage des Vikings ne s'est pas accompagné de la paralysie générale que laissent transparaître les sources monastiques : mais quel autre son de cloche peut-on attendre de la part de leurs premières victimes !

Le déclin politique de l'Empire carolingien n'a pas non plus bouleversé directement sa vie culturelle : au cœur du monde germanique, dans les abbayes de Fulda, Reichenau, Saint-Gall, ou, plus à l'ouest et un peu plus tard, à Reims, Tours ou Fleury-sur-Loire (l'abbaye Saint-Benoît-sur-Loire), en Catalogne, en Italie ou en Angleterre, des centres intellectuels continuent à briller sur la lancée de la renaissance carolingienne. Les bibliothèques laïques et ecclésiastiques se garnissent des copies des plus grands auteurs de l'Antiquité : l'empereur lui-même n'a-t-il pas donné l'exemple, puisque le catalogue de la bibliothèque d'Aix-la-Chapelle compte, dès le règne de Charlemagne, les noms de Lucain, Juvénal et Tibulle. Ces manuscrits, dont la réalisation est facilitée, on s'en souvient, par l'adoption de l'écriture caroline, constituent, pour la majorité des grands classiques romains, les plus anciennes versions actuellement connues de leurs œuvres. Mais les savants de l'époque ne se contentèrent pas de ce rôle de transcription et de transmission, grâce auquel ils devinrent toujours plus familiers de l'Antiquité. Ils élaborèrent également des œuvres personnelles, traités moraux, épopées historiques, commentaires des Écritures chrétiennes, pièces liturgiques. Les ateliers d'enluminure ou d'orfèvrerie, ni les maîtres architectes ne furent en reste, stimulés par l'impulsion notamment donnée par la dynastie ottonienne, dans la seconde moitié du Xe siècle ; à ce propos le terme de « renaissance » revient sous la plume des historiens.

De son côté, l'Église se ressaisit assez rapidement : l'initiative vint du monde monastique, sans doute parce qu'il fut le plus malmené, tant par la politique des princes qui usaient des revenus des divers établissements comme d'autant de bénéfices à distribuer à leur entourage laïque, que par les pillages qui l'affectèrent régulièrement. Les premiers foyers de réforme, toujours fidèles à la tradition bénédictine telle que l'avait formalisée saint Benoît d'Aniane au IXe siècle, vinrent de Flandre (fondation par Gérard de Brogne d'un monastère réformé en 914), de Lorraine (restauration de l'abbaye de Gorze en 933) et surtout du sud de la Bourgogne, de Cluny, maison bénédictine instituée en 909 par Guillaume d'Aquitaine sous la direction spirituelle de Bernon, abbé déjà réputé pour ses qualités réformatrices, et promise à un avenir qui dépassa de loin les attentes de son fondateur.

Simultanément, et de façon plus directement perceptible que ces mutations en profondeur, l'Occident vit sa carte politique se transformer. Les diverses régions de l'Empire évoluèrent chacune vers son destin propre, que ce soient les grandes unités issues du partage de Verdun ou, en leur sein, des territoires plus restreints qui acquirent une certaine autonomie à la faveur de tous ces bouleversements. Le signe le plus éclatant en est donné par la naissance des langues nationales. L'une des premières circonstances où leur emploi est formellement attesté remonte aux serments échangés à Strasbourg, en 842, entre Charles le Chauve et Louis le Germanique : unis contre leur frère aîné Lothaire, ils exprimèrent leur fidélité mutuelle chacun dans la langue de l'autre, Louis en français et Charles en allemand (ou thiois), pour être compris des fidèles de l'autre.

En dépit d'une phase de division dans la seconde moitié du IXe siècle, de laquelle émergent quatre grands duchés, la Saxe, la Franconie, la Bavière et la Souabe, auxquels s'ajoute la Lorraine, le monde germanique réussit à reconstituer assez rapidement une certaine unité. Au début du Xe siècle, les grands s'accordent pour élire roi l'un des leurs : ce fut tout d'abord le duc de Franconie, puis celui de Saxe Henri l'Oiseleur (918). Son fils Otton parvint à discipliner l'aristocratie laïque et à restaurer l'Empire, tombé en déshérence depuis la fin du IXe siècle, en s'appuyant sur les évêques dont il fit de véritables princes territoriaux, ainsi que sur son prestige militaire de vainqueur des Hongrois. Mais pour ce faire, il avait également besoin de la ratification romaine. Il amorça alors la conquête du royaume d'Italie, divisé en une multitude de principautés épiscopales ou laïques. Celle-ci ne fut achevée que par son fils Otton II. Désormais, le sort de la péninsule est lié à celui de la Germanie, et celui de la couronne impériale, encore plus directement qu'auparavant, à la maîtrise de Rome.

Les structures héritées des temps carolingiens se conservèrent beaucoup moins bien dans la partie occidentale de l'Empire. Dès la mort, en 877, de Charles le Chauve, son royaume éclate en principautés territoriales d'ampleur variable (un ou plusieurs comtés) selon les régions et la puissance des grands. Il n'est pas surprenant de voir l'Aquitaine renaître parmi les premières ; la Bretagne maintient une indépendance qu'avaient à peine fait plier Charlemagne et Louis le Pieux ; la Flandre s'est vite organisée pour lutter contre les Scandinaves ; il a déjà été fait allusion à la réussite normande ; enfin, un grand commandement créé par Charles le Chauve pour le comte Robert le Fort, autour de la vallée de la Loire, est à l'origine de la fortune de la famille des Robertiens. Depuis la fin du IXe siècle, cette dernière alterne avec les Carolingiens sur le trône de Francie occidentale ; l'élection, en 987, de l'un de ses membres, Hugues Capet, en constitue l'ultime épisode.

Au sud-ouest, les confins du monde carolingien échappent alors à toute emprise d'un pouvoir dont le centre de gravité se fixe dorénavant, et pour plusieurs siècles, au nord de la Loire. Les zones situées directement au contact de l'Islam amorcent alors la grande œuvre de Reconquête, la geste ibérique par excellence. Elle est d'abord menée à l'initiative des petits royaumes chrétiens du nord de l'Espagne qui ont réussi à subsister, Galice, Asturies, Navarre, Léon, Aragon puis Castille (qui doit son nom aux châteaux dont elle est parsemée), auxquels se joint plus tard le comte de Catalogne, devenu indépendant, aux intérêts plus méditerranéens. Les pèlerins sont déjà nombreux à Saint-Jacques de Compostelle un siècle avant l'an mil.

À l'inverse de celle du continent, l'histoire de l'Angleterre, malgré les ravages scandinaves, évolua dans le sens de l'union des divers royaumes anglo-saxons, à partir du règne d'Alfred le Grand (871-900). L'usage de la langue locale s'y diffusa rapidement, y compris dans le domaine religieux, par la traduction des Écritures chrétiennes.

La division politique que connaît l'Occident vers l'an mil correspond certainement davantage aux réalités contemporaines du pouvoir que le vaste Empire construit par Charlemagne. Mais elle ne doit pas masquer la profonde unité de civilisation léguée par l'œuvre carolingienne, sur laquelle, à la faveur d'un essor exceptionnel, se construisit la chrétienté.

MOYEN AGE CENTRAL

CHAPITRE V

L'ÂGE FÉODAL : PRINCES ET SIRES

La société féodale a longtemps été décrite comme un monde de violence, dominé par la loi du plus fort. Un regard plus attentif sur les sources, à la lumière du fonctionnement des sociétés traditionnelles étudiées par les ethnologues, réoriente sa compréhension : loin d'être le triomphe de l'anarchie, elle fut régie par un « ordre seigneurial » (Dominique Barthelemy), fondé sur un mode spécifique d'exercice du pouvoir qui donna naissance à de nouveaux groupes sociaux.

Les nouveaux maîtres du pouvoir

Toute la singularité des temps féodaux leur vient de la substitution à une autorité publique unique de multiples centres de pouvoir.

La disparition des moyens de contrôle du prince sur ses agents, conduisit ces derniers à exercer en leur seul nom les prérogatives de l'autorité publique, autrement dit le ban, droit de commandement et de contrainte sur lequel reposent la levée de l'armée, la perception de l'impôt et l'exercice de la justice. Tous ne réussirent pas à accaparer l'ensemble des composantes du ban, mais, selon leur puissance, ducs, marquis ou comtes les contrôlèrent plus ou moins intégralement sur le territoire dont ils parvinrent à conserver la maîtrise. Ils devinrent des seigneurs banaux dont l'autorité s'exerçait en certains lieux : sites fortifiés (châteaux et villes), routes et ponts (dont ils monnayaient l'usage par des péages), marchés (dont ils tirent de substantiels profits par la perception des tonlieux, impôts sur les transactions), voire gestion des eaux et forêts ; en certains temps : tenue des assemblées judiciaires, convocation des troupes pour la guerre ; sur certains hommes : les clercs et les hommes libres, les non-libres relevant alors du pouvoir direct de leur maître. Loin d'être tous concentrés entre les mêmes mains pour un même territoire, ces pouvoirs sont le plus souvent partagés entre puissants d'envergure différente : ainsi, un comte peut garder la maîtrise des opérations militaires sur toute une région où l'exercice de la justice courante est partagée entre plusieurs seigneurs locaux. Cet enchevêtrement complexe de droits, qui peut paraître inextricable, était en réalité parfaitement clair pour les contemporains, auxquels les agents des nouveaux maîtres se chargeaient de rappeler de qui ils relevaient, chaque parcelle de pouvoir étant source de substantiels revenus !

Le processus d'émiettement de l'autorité publique ne connut pas partout la même ampleur ni la même chronologie. La zone nord-ouest de l'Europe comprise entre la vallée de la Loire et celle du Rhin a sans doute vu son plus complet achèvement. Après un temps de maintien des institutions carolingiennes entre les mains des comtes, certaines attributions du pouvoir, notamment le prélèvement fiscal et l'exercice de la justice, passèrent aux mains des sires, seigneurs régnant sur un ensemble plus modeste de terres réunies autour d'un point fortifié : c'est l'âge de la seigneurie châtelaine. L'histoire de la région mâconnaise, mise en lumière par Georges Duby grâce aux riches sources clunisiennes, en donne un excellent exemple, de même que celle de l'Ile-de-France où se dresse toujours la tour du seigneur de Montlhéry qui donna tant de fil à retordre aux premiers Capétiens. Cependant, il serait faux d'étendre ce schéma à tout l'Occident. La féodalité demeure plus contrôlée par le prince dans le royaume d'Angleterre. Dans l'espace germanique, elle ne triomphe pas avant le XIIe siècle, et encore selon des modalités propres. En revanche, les distinctions traditionnellement établies entre France du Nord et France du Midi sont à nuancer : la féodalité semble cependant codifiée avec plus de précocité dans le Sud. Quant à l'Italie, l'importance du monde urbain y freina la diffusion du système féodal.

Face au pouvoir des sires, les maîtres des grandes principautés durent se replier. Ils ne parvinrent à conserver la totalité de leur influence que sur une « zone interne » où leur puissance était solidement implantée ; aux marges de celle-ci, dans la « zone externe » de leur territoire, ils durent se contenter d'interventions plus limitées, ponctuelles, centrées, par exemple, sur le contrôle de monastères ou d'évêchés. Parmi les princes de son royaume, le souverain de Francie occidentale jouit d'un capital de prestige, mais ne dispose pas d'une puissance réelle supérieure, loin de là. En termes matériels, le duc d'Aquitaine et celui de Normandie lui sont sans nul doute supérieurs. Son rayonnement ne s'étend plus guère au sud du royaume, où il n'est pas rare de trouver des chartes dont les préambules indiquent, en guise de datation, la mention « en attendant un roi » (*regem expectente*).

L'éloignement de l'autorité royale, même affaiblie, ainsi que l'instabilité qui présida à la redistribution des pouvoirs à l'échelon local provoquèrent, dans les régions méridionales, une réaction pour tenter d'imposer quelques limites au jeu des rivalités entre puissants. Ces « mouvements de paix », dus à l'initiative d'évêques, furent lancés lors de grandes assemblées conciliaires ; la première se tint près de Poitiers, à Charroux, en 989, puis une autre, importante, au Puy-en-Velay, en 990-994. L'Eglise faisait alors prêter aux guerriers présents le serment de ne plus employer la force contre ceux qui ne pouvaient y répondre, les sans-armes (*inermes*), à savoir, les clercs, par statut, et les humbles. Impuissants à juguler la violence, les conciles de paix s'efforcèrent à tout le moins de la limiter hors des zones de sauveté (asiles inviolables, notamment les terres d'Eglise) et hors des temps de « trêve de Dieu », périodes de l'année liturgique (avent et carême), et jours de la semaine (dont le dimanche) où la guerre est déclarée interdite. Les contrevenants se voyaient menacés de sanctions religieuses, telle l'excommunication. Soutenu par les moines réformateurs, dont les clunisiens, le mouvement est fort mal reçu par l'épiscopat du Nord, fidèle aux principes carolingiens, qui, à l'instar de l'évêque de Laon Adalbéron, voit en cette usurpation par l'Eglise des prérogatives du souverain, une dangereuse innovation qui brouille les frontières entre le spirituel et le temporel.

Emiettement de l'autorité vu de haut, mais, pour les populations, concentration locale des influences entre quelques mains, la nouvelle géographie du pouvoir s'appuya sur un important réseau de lieux fortifiés, bourgs et châteaux. Edifié entre 920 et 1100 environ, il résulte bien davantage de la mise en place de la société féodale, que des impératifs de défense face aux invasions des IXe et xᵉ siècles. Pour leur part, les toponymes de nombreux centres d'habitats (Château-Thierry, Castelsarrasin) ou les constructions toujours visibles attestent son ampleur, mais la prospection archéologique et la photographie aérienne ont récemment révélé combien il fut plus dense encore. L'Occident s'est alors hérissé d'une multitude de mottes castrales, simples demeures en bois, juchées sur une éminence de terre, souvent artificielle. Elles comportent en règle générale une tour, protégée de fossés, ultime lieu de refuge, ainsi qu'un ensemble de maisons d'habitation pour le maître et sa *familia* (proches et serviteurs), située dans une cour entourée d'une palissade et d'un second fossé. Courantes au long des xᵉ et xiᵉ siècles, ces demeures fortifiées font place ensuite à des constructions de pierre. Matériau plus solide mais plus onéreux, il est tout d'abord réservé à la seule tour avant que n'apparaissent les premiers châteaux tout en pierre, en Francie occidentale, dans la vallée de la Loire, au début du xiiᵉ siècle. Très coûteux, ces édifices ne sont accessibles qu'aux plus puissants féodaux : leur apparition constitue d'ailleurs un signe du regroupement des seigneuries, après la phase d'atomisation maximale.

Le château, ou la ville entourée d'une enceinte, qui peut lui être assimilée, comme en témoignent les représentations de la broderie de Bayeux (xiᵉ siècle), constituent les lieux forts sur lesquels le maître appuie son pouvoir. Il loge entre leurs murs la garnison à laquelle il confie l'exécution de ses basses besognes, et qui lui permet également de contenir les ambitions de ses voisins. Les habitants y trouvent refuge en cas de besoin : sans doute ne faut-il pas perdre de vue, au profit des seuls rapports de domination, cette fonction protectrice, avidement recherchée par les faibles en des temps où la guerre n'est plus le seul fait du prince. Par sa situation en hauteur, dominant le plat pays et les maisons qui se nichent à ses pieds, le château matérialise la puissance de celui qui le contrôle : c'est là que s'entassent les divers prélèvements, que la justice est rendue, dans la grande salle, et que les hommes du seigneur viennent lui porter leur foi.

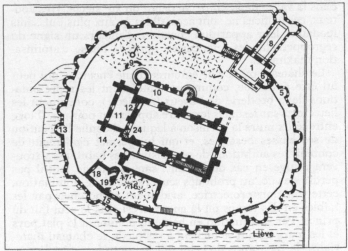

Le château du comte de Flandre à Gand (XIIe-XIIIe siècle)

Plan de l'ensemble s'étendant sur un demi-hectare : 8. Porte d'entrée. — 1. Porte d'entrée, partie arrière. — 4, 5, 13, 15. Mur d'enceinte. — 3, 24. Donjon de 1180. — 11, 12. Annexe du XIIIe siècle au donjon. — 10. « Galerie romane ». — 16, 17, 18, 19. « Habitation du comte » et annexes. — 14. Galerie reliant l'« habitation du comte » au donjon. — 9. Grande cave à l'entrée.

Seigneurs et vassaux

L'époque féodale a prolongé et systématisé l'usage de la recommandation en vigueur antérieurement, par ces liens d'homme à homme tissés entre le seigneur et ses vassaux, qui structurent alors le monde des puissants.

Seul un homme libre peut aller engager sa fidélité envers un autre, en général plus puissant que lui, dont il devient « l'homme » (*homo*), le vassal. L'acte se déroule en public, devant témoins, au cours de la cérémonie de l'hommage. Le futur vassal se présente sans armes devant son seigneur, s'agenouille devant lui et lui remet sa personne en plaçant ses deux mains jointes entre celles du seigneur. L'habitude se prit de faire suivre ce rituel, en soi suffisant, d'un baiser de paix, qui rétablit entre les deux hommes une certaine égalité. La validité de l'engagement peut être enfin scellée par la prestation solennelle d'un serment sur des reliques ou un livre sacré, dont la rupture fait du coupable un parjure, péché très grave aux yeux de l'Eglise.

De nature contractuelle, la relation individuelle ainsi créée engendre pour les deux parties droits et devoirs réciproques. Le tout premier de ces devoirs, exprimé avec réalisme par l'évêque Fulbert de Chartres dans une lettre adressée en 1020 au duc d'Aquitaine qui le consultait sur ce point, se résume en la formulation négative : ne pas nuire. Plus positivement, le vassal est tenu, envers son seigneur, à l'aide militaire : garde des forteresses, défense du territoire, participation à des expéditions de conquête. Elle s'accompagne d'une aide matérielle qui s'est peu à peu trouvée cantonnée à trois ou quatre cas : rançon du seigneur, chevalerie du fils aîné, mariage de la fille aînée, départ en croisade. Le vassal doit aussi se porter garant de son seigneur en justice, le cas échéant. Enfin, il est astreint à venir siéger à la cour seigneuriale, sorte de conseil où s'échangent les avis et où sont arbitrés les litiges entre féodaux. En retour, le seigneur doit à son vassal et à sa famille bonne justice —il ne peut refuser d'être son garant—, protection et aide matérielle, notamment en contribuant à sa subsistance. C'est pourquoi la cérémonie de l'hommage est immédiatement suivie de celle de l'investiture du fief.

Elément réel du lien féodo-vassalique, le fief désigne les biens que le seigneur accorde à son vassal en échange de ses services. Il s'agit, le plus fréquemment, de domaines fonciers ou de châtellenies, mais le seigneur peut tout autant attribuer l'exploitation de droits de justice ou de péage, des bénéfices ecclésiastiques dont il a la maîtrise, voire, à la fin de l'époque féodale, des rentes en argent. La concession se marque par la remise publique au vassal d'un objet symbolique, motte de terre ou bâton de commandement. Au risque de ternir l'image des liens féodo-vassaliques, il faut reconnaître que la place tenue par cette rétribution matérielle finit par l'emporter sur toute autre considération. A la différence du bénéfice carolingien, le fief n'est pas offert en reconnaissance de loyaux services ; c'est un dû immédiatement réclamé par les vassaux. En conséquence, ceux-ci n'hésitèrent pas à porter simultanément leur fidélité à plusieurs puissants, afin de cumuler les revenus des fiefs reçus en contrepartie, quitte à se trouver confrontés à des choix délicats, voire conduits à la félonie, lors de conflits survenant entre deux de leurs seigneurs. La coutume féodale imagina, en réponse, la prestation d'un hommage supérieur à tous les autres, l'hommage-lige, qui devait assurer son bénéficiaire de la fidélité, en tout état de cause, de celui qui l'avait rendu.

Autant qu'on puisse le percevoir, la rupture du contrat vassalique fut sans doute aussi courante que sa conclusion. L'affaire relevait alors d'un jugement en cour féodale ou d'une épreuve de force. Le vassal qui estime avoir été abusé peut renoncer à son fief ou porter sa cause devant un seigneur plus puissant, à condition que ce dernier dispose de quelque moyen de pression sur l'accusé. A l'inverse, le seigneur trahi par son vassal peut lui confisquer son fief : c'est la commise, une décision qui n'a de réalité que si celui qui la prononce a les moyens de la faire entrer dans les faits. Or, à quelques exceptions près, les usages ne semblent guère avoir évolué en ce sens. Au contraire, les détenteurs de fiefs se sont efforcés de les maintenir dans leur patrimoine familial. Engagement contracté entre deux personnes, l'hommage se devait d'être renouvelé à la disparition de l'une d'elles. En persistant à porter sa foi au successeur de son seigneur, le vassal entendait bien conserver son fief, de même que ses propres héritiers, à sa mort, s'il n'y avait pas eu manquement de sa part à ses devoirs. Le seigneur ne doit-il pas protection à la famille de son fidèle ? Il peut ainsi gérer le fief dans l'attente de la majorité d'un fils, ou veiller au mariage d'une fille, unique héritière. L'usage sanctionne donc la transmission du fief au sein de la même famille, contre le paiement d'un droit de relief, puisque le seigneur en conserve la propriété éminente, supérieure à l'usufruit dont jouit le vassal.

Or, un obstacle beaucoup plus grave que leur reprise par le seigneur menace la conservation de l'intégrité des fiefs : le régime successoral. En effet, la constitution de parts égales entre tous les fils légitimes conduit à une dispersion des biens, tandis que leur gestion en indivision par des fratries s'avère parfois impraticable. Pour y remédier, les familles aristocratiques commencent à instaurer l'habitude, qui compte de nombreuses variantes régionales, de favoriser le premier-né dans la transmission des biens. Installée sur le patrimoine familial, la branche aînée s'efforce de poursuivre de générations en générations cette politique dite lignagère, quitte à limiter le nombre de ses enfants. Les lignages aristocratiques, succession ininterrompue d'héritiers mâles en ligne directe, construisent ainsi leur puissance sur le sacrifice des filles et des cadets. Les premières obtiennent au mieux, en compensation, une dot qui leur ouvre les portes du mariage ou d'établissements religieux ; quant aux seconds, ils peuvent profiter de la fortune de leur aîné s'ils choisissent de continuer à vivre sous son toit, à moins qu'ils ne préfèrent entrer dans l'Eglise ou partir en quête de la riche héritière d'un lignage « tombé en quenouille ». Ils s'agrègent alors aux groupes de chevaliers qui errent à l'aventure.

Le monde de la chevalerie

Du monde féodal émerge la figure conquérante du chevalier. La meilleure définition que l'on puisse en donner est la plus simple : un combattant à cheval. L'évolution des techniques militaires, depuis l'époque carolingienne, accorda une place croissante à la cavalerie ; tous ceux qui eurent recours à la force pour s'imposer, durent donc s'appuyer sur des chevaliers, ou le devenir eux-mêmes. Le maniement des armes évolua en un véritable métier, affaire de spécialistes, et ne fut plus, comme aux temps des royaumes francs, le privilège de tout homme libre. Son apprentissage se fait auprès des aînés, à la cour du seigneur où les vassaux envoient leurs fils se former ; en son terme, il est entériné par la remise solennelle de ses armes au nouveau combattant, au cours d'une cérémonie publique, l'adoubement. Le « parrain » offre alors au cadet un équipement complet et lui assène un violent coup, la colée, auquel il doit montrer qu'il sait vaillamment résister. Débute alors pour lui le temps où il est dit « jeune », au cours duquel, parmi ses égaux, en troupes itinérantes ou dans les châteaux, il construit sa réputation au combat, en attendant l'établissement possible dans une châtellenie, acquise par héritage ou par mariage avec l'héritière que ses mérites lui auront gagnée.

Une telle activité suppose des revenus qui permettent de s'y consacrer à plein temps et de se munir d'un équipement coûteux, pour beaucoup fait de métal, matériau de prix : casque ou heaume, cotte de mailles ou haubert, bouclier ou écu, lance et épée, ainsi que plusieurs chevaux, pour le combat et le transport. Mais les plus fortunés n'y eurent pas seuls accès : princes ou sires entretinrent à leurs frais les hommes d'armes dont ils avaient besoin et, pour ceux qui surent briller, il y eut là matière à de rapides promotions sociales. Durant les premières générations qui virent sa constitution, le groupe des chevaliers comprend donc à la fois des membres issus des anciennes familles dirigeantes et des hommes nouveaux. Le prestige dont il se pare, le poids des contraintes matérielles, puis une tendance à la fermeture entraînèrent sa fusion progressive avec la noblesse traditionnelle : la chevalerie devint signe de distinction et les nobles rejoignirent ses rangs. L'assimilation fut pourtant loin d'être totale : en Angleterre, la noblesse (*nobility*) diffère de la chevalerie (*knights*), de même qu'en Espagne et dans le monde germanique qui compte de nombreux chevaliers d'origine servile. De fortes hiérarchies internes subsistent donc parmi ceux qui détiennent la puissance des armes, avant que n'apparaissent d'autres voies d'anoblissement, tel le service du prince.

Dans une société où la place d'honneur revient non pas à ceux qui combattent, mais à ceux qui prient, la chevalerie gagna une partie de ses lettres de noblesse par sa christianisation. Lors des mouvements de paix ou pour la gestion de ses propres domaines, l'Eglise apprit à composer avec les guerriers. Hostile, au nom de sa tradition, à toute effusion de sang, elle en vint pourtant à forger un modèle de comportement chrétien pour le combattant. Il propose à ce dernier de mettre ses armes au service de justes causes : la défense des pauvres, des veuves, des orphelins, bref, de tous les sans-armes (donc à commencer par les clercs eux-mêmes), puis celle de la chrétienté face aux Infidèles, en participant à la Reconquête ibérique ou à la Croisade. Cette tentative pour concilier la vie des hommes de guerre avec l'idéal chrétien débouche, au XIIᵉ siècle, sur la création d'ordres religieux militaires, Hospitaliers, Templiers, ordre de Saint-Jacques en Espagne. Et c'est uniquement à cette époque, donc bien après l'apparition des premiers chevaliers, vers le Xᵉ siècle, que les rites d'entrée en chevalerie prirent un caractère religieux. Tout au plus, auparavant, pouvait-on organiser la cérémonie de l'adoubement le jour d'une grande fête chrétienne, telle la ¯ entecôte ; plus tard, il fut d'usage de bénir les armes et d'inviter le futur chevalier à se préparer à sa mission par des prières.

Pénétrée tardivement par la culture chrétienne, la chevalerie trouva d'abord un ferment d'unité plus actif dans des valeurs d'origine profane inculquées par un mode de vie commun. Il a pour cadre le château : le maître en partage la plupart des pièces avec ses guerriers domestiques et, à l'occasion, ses vassaux. Seule sa famille jouit d'un peu plus d'intimité : son épouse et ses jeunes enfants — les garçons restent confiés à leur mère et à ses servantes jusqu'à sept ans — disposent d'une ou deux pièces plus isolées et confortables, mieux chauffées en hiver. Les chevaliers consacrent leur temps à leur entretien physique au gré d'exercices variés : la chasse, autant pour la gloire que pour s'y procurer une alimentation carnée, ou les joutes amicales entre eux, voire contre ce mannequin nommé quintaine qu'ils percutent de leurs lances au risque d'être désarçonnés. Mais avec les beaux jours, vient le temps de la « guerre fraîche et joyeuse » (Bertrand de Born) qui a toutes leurs faveurs. Quand ils ne sont pas enrôlés dans les expéditions de leurs seigneurs, ils peuvent aller tournoyer en bandes issues des mêmes régions, normands, picards, français (de l'Ile-de-France) ou champenois. Ces grandes rencontres d'hommes en armes, organisées aux confins des principautés, les mettent aux prises par équipes : le but du tournoi consiste à réunir le plus possible de prisonniers prestigieux, pour la libération desquels sont exigées de lourdes rançons. C'est alors que se construisent les réputations et les fortunes, par les vastes transferts de fonds qui accompagnent leur conclusion. Mais honte au chevalier qui ne se montre pas prodigue envers ses coéquipiers !

Quelles que soient les différences sociales et géographiques qui s'y observent, le monde de la chevalerie connaît les mêmes références immortalisées en littérature par les chansons de geste. Ces longs poèmes épiques récités par les jongleurs à l'occasion des festins qui réunissent avec opulence, les jours de fête, dans la grande salle du château, les troupes de guerriers au repos, mettent en scène des personnages historiques, Charlemagne et ses preux, ou mythiques, Arthur et ses compagnons de la Table Ronde, voire les ancêtres quasi légendaires des grandes familles aristocratiques : autant de figures dont chaque chevalier rêve d'égaler les prouesses au combat, la générosité somptueuse, le dévouement aux nobles causes qui sont alors davantage celles de l'amitié que de l'amour. Il faut attendre l'épanouissement, au XIIe siècle, de la littérature courtoise pour voir les femmes faire leur entrée dans ce monde avant tout masculin, et, avec elles, tout un apprentissage d'un discours et de mœurs policés.

Meilleur ciment du groupe aux heures de sa constitution, l'idéologie chevaleresque, alors christianisée, devint son plus sûr refuge, lorsqu'il perdit sa raison d'être sociale, à partir du XIIIe siècle, face à la puissance des rois. C'est alors qu'elle connut sa codification la plus achevée dans les traités de chevalerie et les livres d'armes des hérauts.

Les seigneurs imposèrent à l'Occident le règne d'un ordre local que régulent l'observation d'un code commun de valeurs et le réajustement permanent des accords entre parties. Doté d'une réelle efficacité, il laissa s'épanouir une croissance sans précédent, sur laquelle les nouveaux maîtres surent appuyer leur puissance.

CHAPITRE VI

LE GRAND ESSOR DES CAMPAGNES OCCIDENTALES

Dans un monde encore profondément rural, c'est à la campagne que devait débuter cet extraordinaire essor occidental, point de départ de la domination européenne mondiale qui dura jusqu'au xxᵉ siècle. Alors que des signes avant-coureurs en sont perceptibles dès le xᵉ siècle pour les régions les plus précoces, il est acquis dans tout l'Occident vers les décennies qui suivent l'an mil : n'est-ce pas la raison qui rend si difficiles à supporter les catastrophes naturelles, telles les graves famines de 1005-1006 et de 1032-1033, tandis que commencent à mûrir les fruits de la prospérité...

Les historiens n'ont cessé de s'interroger sur les origines de cette expansion. S'ils parviennent sans peine à en distinguer les divers éléments, ils ne s'accordent guère sur l'ordre de leur intervention. Doit-on considérer comme motrice la croissance démographique, ou celle-ci ne fut-elle que le résultat d'une économie plus prospère ? Faut-il alors faire appel à des mutations climatiques qui auraient introduit en Europe une douceur et une humidité plus favorables à la culture des céréales ? La mutation primordiale ne vint-elle pas plutôt des esprits, rendus plus avides dans leur quête de profits par les demandes accrues des nouveaux maîtres soucieux d'améliorer leur train de vie ? Le débat est sans fin ; la réalité réside vraisemblablement dans la conjugaison de ces facteurs, ce qui, reconnaissons-le, ne résout pas le fond de la question : pourquoi en Occident ?

Les signes de l'expansion

Le signe le plus manifeste de l'expansion tient dans la crue lente mais continue du nombre des hommes durant trois siècles. Cette croissance fut stoppée dans son élan à la fin du xiiiᵉ siècle, en raison de l'apparition des premières difficultés économiques (crises frumentaires et monétaires), puis par

les grandes épidémies du début du XIVᵉ. En l'absence d'un
état civil et avant les premiers registres de baptême, mariages ou décès, qui datent de la première moitié du XIVᵉ siècle,
on ne dispose guère d'indicateurs démographiques précis ;
mais l'évolution générale n'en est pas moins attestée par de
nombreux indices. Toutes les enquêtes régionales établissent, pour l'ensemble de l'Occident, l'augmentation dans les
familles du nombre des enfants passant le cap de la première année. Le fait est confirmé par la multiplication des
sites d'habitat, quand ce n'est pas par quelques enquêtes
plus vastes menées à la demande des princes, pour des rai-
sons fiscales : il est ainsi possible de mesurer le triplement
de la population anglaise entre 1100 et 1300 ; et le royaume
de France était alors, à surface égale, plus peuplé que sous
le règne de Louis XIV. Enfin, pour risquer une « pesée globale », la population de l'Europe aurait dépassé les 50 millions (54 ?) à la fin du XIIIᵉ siècle.

Or, ces bras plus nombreux utilisèrent des techniques
plus performantes ; c'est là le deuxième moteur de la croissance alors enregistrée par les campagnes occidentales.
Cette amélioration provient davantage de la diffusion d'un
équipement de meilleure qualité que d'innovations propre-
ment dites. Ainsi, les moulins, déjà présents sur les grands
domaines carolingiens en nombre estimé maintenant plus
important qu'on ne l'a cru, se multiplient, mus par la force
de l'eau canalisée dans des biefs, voire par celle du vent.
La puissance de travail des animaux de trait est décuplée
grâce à l'adoption de techniques d'attelage moins sommai-
res : le collier d'épaule, déjà connu de l'Antiquité ; le joug
frontal pour les bœufs ; l'usage de l'attelage en file des chevaux pour les travaux des champs. Mais ces derniers,
d'entretien plus délicat et coûteux — ils se nourrissent
d'avoine —, sont moins prisés que les bovins, plus solides
et rentables, puisqu'au terme de leurs services ils peuvent
encore être négociés pour leur viande ; le cheval demeure
un animal de luxe, apanage des seigneurs. Enfin, à côté de
l'équipement des chevaliers, l'outillage agricole bénéficie
également de l'introduction croissante du fer : les instruments se font plus résistants et mieux à même d'exploiter
les sols lourds et limoneux des plateaux du nord de
l'Europe. L'exemple le plus probant vient des instruments
de labour : si la traditionnelle araire en bois convient toujours aux sols fragiles du domaine méditerranéen, en

revanche, les charrues, au soc métallique, font merveille en Picardie, par exemple.

Le gain de main-d'œuvre ainsi réalisé permet d'améliorer les méthodes culturales, notamment en multipliant les labours pour mieux régénérer les terres. Le mouvement s'appuie sur de meilleures connaissances agronomiques, ce dont témoigne la rédaction de traités d'agriculture en Angleterre (Walter of Henley) et en Italie (Pietro da Crescensi). Leurs conseils, d'abord expérimentés dans des domaines « pilotes », gagnent ensuite l'ensemble des campagnes où les paysans observent une rotation des cultures mieux adaptée. Poussées par la recherche d'une rentabilité optimale, certaines communautés rurales commencent, au cours du XIIIe siècle, à organiser une mise en valeur collective de leur terroir divisé en trois grandes unités, sur lesquelles tout exploitant dispose d'une parcelle, les soles. Ces dernières voient alterner, chaque année durant trois ans, blés d'hiver, céréales de trémois (qui restent trois mois en terre), dont l'avoine réclamée par les seigneurs pour leurs chevaux, et temps de jachère où l'on peut paître le bétail : c'est le système dit de l'assolement triennal.

Mieux exploitée, la surface arable fut également considérablement agrandie. La paysannerie, alors animée par une immense faim de terres, entreprit la grande opération de défrichement qui donna aux campagnes occidentales leur visage actuel. La forêt cessa d'être dominante et perdit quelque peu la valeur magique que lui attachait l'imaginaire médiéval, monde peuplé d'êtres aux pouvoirs surnaturels, fées, enchanteurs, elfes, nains et ermites ! L'opération connut une telle ampleur que les puissants se préoccupèrent rapidement de protéger les zones forestières, terrains de chasse, signe éminent de leur prestige, mais aussi sources d'une matière première, le bois, encore très recherchée pour la construction, le chauffage ou la fabrication du charbon nécessaire au traitement du minerai de fer. De cette « grande geste des paysans d'Occident » (Pierre Bonnassie), atteste la prolifération de noms de lieux qui signalent une création récente d'habitat : sauvetés, essarts (défrichement), villes-neuves, bordes. Les hommes vont s'installer dans les milieux jusqu'alors réputés hostiles, tels les marais, en Flandre et en Poitou, par exemple.

Les terres cultivées gagnent sur la friche et les bois selon diverses modalités. Les tout premiers acquis se situent aux

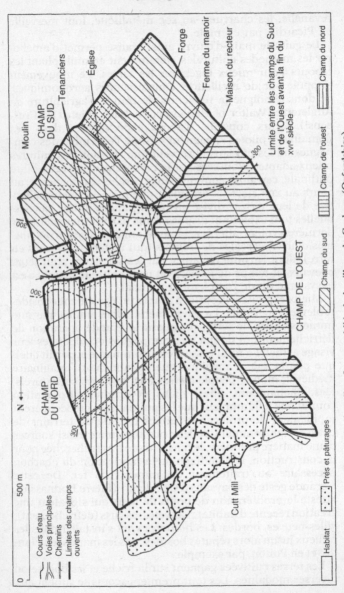

Reconstitution d'un finage médiéval : le village de Cuxham (Oxfordshire).

confins des anciens terroirs. Discrètement, les paysans tentent d'augmenter ainsi leur surface d'exploitation et leurs gains, à l'insu des seigneurs prompts à venir réclamer une augmentation des redevances en conséquence. Au profond de la forêt, dans des clairières, se rencontre une autre population : cadets en mal de terres, non-libres fuyant les domaines de leur maître, charbonniers exploitant le bois et reconvertis en agriculteurs. Mais, très vite, ces initiatives menées dans l'anarchie furent supplantées par des entreprises dûment organisées par les maîtres du sol et du pouvoir qui ne pouvaient laisser échapper cette nouvelle source de revenus. Ils furent parfois animés d'autres préoccupations, notamment celle de purger de leurs brigands des pans entiers de forêts où passaient d'importantes voies de communication : l'abbé de Saint-Denis, Suger, le déclare sans détours à propos de la forêt d'Yveline et Marc Bloch l'a démontré pour l'axe routier qui va de Paris à Orléans, au centre du domaine capétien. Pour mener à bien la lourde tâche que représentent la mise en valeur de terres restées incultes et l'implantation d'un nouvel habitat, les seigneurs s'associèrent fréquemment en des contrats dits de pariages. Les établissements ecclésiastiques, bénéficiaires de donations, fournissaient les terres, alors que les laïcs, par le truchement de leurs réseaux de clients et fidèles, se chargeaient de recruter les nouveaux occupants ; puis les uns et les autres partageaient les fruits à égalité. L'ultime vague des défrichements, au XIIIe siècle, renoua avec l'initiative individuelle : elle aboutit à la création d'un habitat intercalaire, plus particulièrement dans les régions de l'ouest du royaume de Francie, à l'origine du paysage de bocage.

Seigneurie foncière et seigneurie banale

Des mutations d'une telle ampleur ne furent pas sans conséquence sur les cadres de la production agricole. Les

Tableau de la rotation triennale des cultures sur les trois « champs » ou soles

	champ de l'ouest	champ du nord	champ du sud
Année A	jachère	blés d'hiver	céréales de printemps
Année B	blés d'hiver	céréales de printemps	jachère
Année C	céréales de printemps	jachère	blés d'hiver

grands domaines carolingiens devinrent inadaptés aux nouvelles données du marché de la main-d'œuvre et de la terre. Ils évoluèrent progressivement en une structure qui se diffusa dans l'ensemble de l'Occident médiéval : la seigneurie foncière. Celle-ci se distingue du grand domaine par la place sans cesse réduite que les redevances en travail occupent dans sa mise en valeur. En effet, l'expansion rendit les corvées moins rentables : les paysans préféraient se consacrer plus activement à leurs propres lopins et employer leurs quelques revenus à les racheter à des maîtres, notamment les hommes de guerre, toujours à court d'argent devant le coût croissant de leur train de vie. C'est pourquoi, rendus impuissants à renouveler les groupes serviles qui exploitaient les réserves, par disparition progressive de l'esclavage au cours du Haut Moyen Age, de même qu'à contraindre la main-d'œuvre, plus attirée par les chantiers de défrichement, les maîtres eurent intérêt à diviser leurs réserves en parcelles dont ils concédaient l'exploitation moyennant redevance. Le système dut s'avérer plus lucratif, à croire les bénéficiaires eux-mêmes, ainsi l'abbaye de Marmoutier (fondée en Alsace vers 580 par un disciple de saint Colomban), qui dénonce la faible productivité du travail des corvéables accusés d'« incurie, mollesse et paresse ». Pourtant, les domaines ecclésiastiques conservèrent, plus longtemps que leurs homologues laïcs, la structure héritée des temps carolingiens.

A l'ancienne unité de redevances, le manse, fractionné à l'infini en raison de la croissance des familles paysannes, succèdent des tenures de taille variable, hôtises, masures ou vilainages. Le maître du sol, le seigneur foncier, les concède contre deux redevances, l'une fixe, en argent, le cens (certaines tenures sont d'ailleurs nommées des censives), l'autre, une part variable de la récolte, le champart. En outre, il perçoit un droit au moment de leur concession et se réserve d'exiger des taxes de mutation (les lods et ventes) pour tout changement de main, y compris à la mort des tenanciers pour que leurs héritiers continuent d'en avoir la jouissance : il marque ainsi sa propriété éminente. En contrepartie, la concession de la tenure devint vite perpétuelle et son exploitant put même l'aliéner. C'est ainsi que, face à l'endettement croissant de la paysannerie, elle finit par servir de gage à des rentes foncières, au versement desquelles le tenancier s'astreignait en échange d'un prêt d'argent, octroyé par de riches bourgeois.

Mise en valeur par des procédés plus rentables et mieux exploitée par des techniques plus performantes, la seigneurie rurale fit donc la fortune des maîtres du sol, fondement de la puissance de plus d'un maître du ban. Certes, dans le maillage territorial des campagnes médiévales, seigneuries foncières et seigneuries banales ne correspondirent jamais complètement : un même espace put fort bien appartenir à un seigneur et relever du ban d'un autre. Mais il y eut fréquemment conjugaison des deux dominations, dans la mesure où les maîtres du pouvoir trouvèrent dans les revenus du sol l'assise matérielle indispensable à leur puissance. Tout porte à croire que rares furent les seigneurs banaux qui n'aient été, du moins en un premier temps, de grands propriétaires, et réciproquement. Puis vint un moment où la faible augmentation des revenus de la terre et les embarras de sa mise en valeur rendirent les biens fonciers moins attrayants que l'exploitation de droits nouvellement acquis sur le monde rural, par lesquels les puissants parvinrent à s'arroger une partie des bénéfices de la croissance agricole. Et puisqu'ils reposent sur la maîtrise du ban, ils sont qualifiés de « banalités ». Il convient de rappeler qu'ils incluent les droits de justice, les tailles ou autres questes, sortes d'impôts directs levés à la guise du seigneur, diverses réquisitions en travail pour le château, formes abâtardies du service militaire à usage des « vilains » (tour de garde, acheminement de matériaux, transmission de messages, logement des gens de guerre ou du maître de passage), prélèvements sur le transport et l'échange des marchandises. S'y ajoutent des droits portant sur divers équipements que leur coût réservait au seigneur : four, moulin ou pressoir dits banaux, dont les paysans avaient l'obligation de faire usage dans la seigneurie dont ils dépendaient, tout en respectant les privilèges du maître, tel le banvin, droit pour celui-ci de presser et vendre le premier son vin. Le pouvoir banal s'est donc nourri de la croissance agricole par l'intermédiaire de cet ensemble de taxes qualifiées de « nouvelles ou mauvaises coutumes », perçues par les agents du maître, ces ministériaux souvent plus durs au monde paysan dont ils sont issus, que les puissants eux-mêmes.

Alors que les nouveaux maîtres du pouvoir imposaient

partout leur loi, le régime de la seigneurie foncière ne s'étendit pas sur la totalité du territoire occidental. Il est très probable qu'en certaines régions, subsistèrent des terres allodiales mises en valeur par une paysannerie libre ; mais, en nombre vraisemblablement de plus en plus réduit, elles sont fort mal connues en l'absence de documentation. En revanche, les contrées méridionales, au premier rang l'Italie, voient les sociétés rurales adopter très rapidement de nouveaux types de contrats, plus souples et plus avantageux pour les paysans que le système seigneurial. Leur apparition est contemporaine, là aussi, d'une réorganisation des terroirs, centrée autour de points fortifiés où résident les agents du pouvoir et où l'habitat se rassemble ; ces bourgs, perchés sur des hauteurs pour échapper aux derniers raids sarrasins et autres brigandages, mais plus encore à l'insalubrité des zones basses humides, sont cernés par plusieurs auréoles de culture, jardins, vergers et vignobles, terres arables de céréaliculture, enfin, terrains de pacage pour le bétail : c'est l'_incastellamento_ décrit par Pierre Toubert pour le Latium. Les concessions territoriales proposées par les maîtres prennent ici la forme de baux à vingt-neuf ans tacitement reconductibles, les contrats de _livello_, ou bien de contrats de complant qui laissent en leur terme le paysan propriétaire de la moitié de la parcelle qu'il a mise en culture, un régime moins adapté aux labours qu'aux vignobles, plus longs à produire du fruit. De la sorte, les exploitants de la terre furent plus directement associés aux profits de la croissance que leurs homologues des seigneuries du nord des Alpes. Ces derniers parvinrent cependant, par d'autres voies, à récolter pour leur propre compte une part des fruits de l'expansion, même si tous n'y réussirent pas avec le même bonheur.

Servage et franchises

La condition juridique des hommes qui peuplent les seigneuries connaît une gamme infinie de nuances entre les pôles de la liberté et de la dépendance. Sont libres, ceux qui peuvent disposer à leur gré de leurs biens ainsi que de leur personne, pour l'engager en mariage ou dans les ordres religieux, et qui ont plein droit pour agir en justice. A l'autre extrémité, la dépendance de ceux que désigne le terme très ambigu de « serf » les prive de l'ensemble de ces droits, ou, du moins, doivent-ils toujours en négocier l'exercice avec leur maître. Mais tous, libres et non-libres, demeurent soumis aux contraintes de la seigneurie foncière et du ban.

Le servage ne doit pas se confondre avec l'esclavage, bien que certains serfs aient été, fort probablement, les descendants des derniers esclaves carolingiens. Mais ceux qui tombèrent en servitude furent majoritairement des paysans démunis, tenanciers libres des grands domaines ou alleutiers : par contrainte, en raison de l'insécurité ambiante ou de leur pauvreté, ils furent poussés à se placer sous la protection d'un puissant. Puis, la « macule servile » étant héréditaire, elle se transmit de générations en générations. Le servage peut donc se définir comme une forme profondément inégalitaire de ces liens d'homme à homme qui tissent la société médiévale ; on a pu parler à son propos d'une « seigneurie personnelle ». Des charges particulières marquent la dépendance étroite dans laquelle le maître tient ses hommes. Elles consistent notamment en trois redevances, qui viennent s'ajouter à toutes celles qui ont été déjà énumérées : le chevage (mais qui, en terre d'Empire, est synonyme de liberté), une capitation ou impôt par tête, par personne, purement recognitive de l'état de servitude ; le formariage, compensation versée en cas d'union matrimoniale d'un serf ou d'une serve hors de sa seigneurie, ce qui prive le maître de la main-d'œuvre de la famille et de sa descendance ; la mainmorte, droit versé par le serf pour pouvoir transmettre ses biens, puisqu'il ne peut pas davantage en disposer librement que de sa personne — il est réputé avoir la main morte : dans de nombreuses régions, le maître prélève à cette occasion la plus belle pièce de l'héritage, selon le droit dit « du meilleur catel », à savoir la meilleure tête de bétail.

Longtemps considérées comme caractéristiques de l'état servile, ces charges ne sont plus désormais reconnues comme un critère aussi décisif, car elles purent être acquittées par certains hommes libres et, inversement, des non-libres en furent exempts. Mais il est incontestable que ces derniers subirent des contraintes en impôt et en travail plus lourdes que celles des libres, auxquelles s'ajoutèrent éventuellement brimades et humiliations qui les laissaient privés de recours, attendu qu'ils relevaient de la justice de leur propre maître. Le serf n'est-il pas « taillable et corvéa-

ble à merci » ? Cependant, le servage ne fut pas, en Occident, la condition générale de tous les paysans : on estime
même qu'il ne concerna, sous sa forme la plus pesante,
qu'un nombre assez restreint d'entre eux. Des régions
entières l'ignorèrent, la Normandie, la Picardie ou la Lombardie, entre autres, ce qui ne signifie pas pour autant que
les ruraux n'eurent pas à y acquitter un rude tribut au
régime seigneurial... Par ailleurs, quelques serfs parvinrent
à échapper à leur condition, à la faveur du geste de générosité d'un maître qui, sur son lit de mort, pour gagner la
bienveillance du Ciel, leur octroya la liberté ; mais plus
encore, à la faveur de l'expansion agricole.

Selon diverses modalités, le renouveau de la mise en
valeur des campagnes contribua à l'amélioration de la
condition paysanne. Il s'accompagna tout d'abord d'une
mobilité de la population dont certains surent tirer parti.
Sans doute ne faut-il pas gonfler exagérément le nombre
des dépendants fugitifs qui gagnèrent la liberté en partant
s'engager au loin dans une opération de défrichement. Il
n'en demeure pas moins que, pour recruter les bras dont
ils avaient besoin, les entrepreneurs durent offrir des
conditions de vie attractives. Celles-ci firent l'objet de
documents écrits, où étaient consignés, fixés une fois pour
toutes, droits et devoirs des communautés bénéficiaires.
Ils constituaient pour celles-ci une garantie importante qui
mettait fin à l'arbitraire seigneurial : c'est pourquoi ces textes sont nommés chartes de franchises. La concession de
franchises se rencontre aussi bien dans les régions de peuplement récent, sur les terres reconquises en Espagne ou
dans les zones de colonisation germanique à l'Est, qu'au
cœur de pays très anciennement peuplés, puisque les chartes les plus célèbres sont celles de Lorris-en-Gâtinais et de
Beaumont-en-Argonne (xiie siècle). Leurs dispositions ne
se bornent pas à supprimer les obligations les plus contrai-
gnantes et à garantir la liberté des hommes, mais elles leur
accordent « des libertés », à savoir l'allégement des coutumes liées au régime foncier et, plus encore, au ban. Les
franchises signent la fin des corvées, dont elles sont totalement dépourvues ; elles limitent la taille, les droits de
péage et les perceptions sur les transactions ; elles vont
parfois jusqu'à reconnaître une certaine compétence judiciaire, pour les causes mineures, aux communautés rurales. Leurs habitants commencent ainsi à faire l'apprentis-

sage, encore timide, de l'exercice des responsabilités publiques : le village se construit, tout à la fois agrégat d'habitat et conscience collective.

A partir des premières régions touchées, le mouvement fit tache d'huile. La condition de ces hôtes fraîchement installés parut enviable aux communautés voisines qui tentèrent de négocier l'amélioration de leur propre condition. Au risque de voir diminuer le nombre des hommes de leurs seigneuries et se tarir leurs revenus, les seigneurs finirent par accepter de négocier des libertés. Cependant, ils ne laissèrent pas dissiper leurs sources de revenus sans contrepartie. L'octroi des franchises se monnaya contre des sommes d'argent importantes : elles firent l'affaire de plus d'un maître à court de numéraire pour solder les dépenses qui lui permettaient de prouver à la cantonade qu'il était à même de tenir son rang sans déchoir. Ainsi, l'acquisition de ces privilèges concourut à l'endettement du monde paysan, bien qu'inversement, elle apporte la preuve qu'il parvint à conserver quelques bénéfices de la croissance.

Les fruits de l'expansion ne se répartirent pas uniformément entre les ruraux mais furent, au contraire, à l'origine de nouvelles différenciations sociales. Celles-ci ne se fondent plus dorénavant sur des critères de nature juridique, mais économique. La réussite des plus fortunés se marque par l'accroissement de la surface des terres qu'ils exploitent et, surtout, par la possession d'un train d'attelage, au mieux composé de chevaux : ce sont les laboureurs, qui se distinguent des brassiers, n'ayant pour eux que la force de leurs bras. Enfin, les plus malchanceux tombèrent sous le coup d'un renouveau du servage, au XIIIᵉ siècle, davantage lié à la terre que le précédent. Il toucha surtout les laissés-pour-compte de la première croissance, installé de la sorte sur des terres abandonnées ou négligées jusqu'alors pour leur faible intérêt.

Du milieu du Xᵉ au milieu du XIIIᵉ siècle, les campagnes occidentales enregistrèrent donc un essor sans précédent par son ampleur et sa durée. Il permit de nourrir mieux, avec moins d'efforts, des hommes plus nombreux. Libérée du travail des champs, une frange de la population vint alors grossir les rangs des habitants des villes pour se consacrer aux activités de l'artisanat et du commerce. Pour l'économie occidentale, l'engrenage positif se poursuit...

CHAPITRE VII

FLORAISON URBAINE ET COMMERCIALE

A l'image des campagnes, les villes, qui n'ont point disparu d'Occident à la suite des invasions, contrairement à ce qui a été longtemps affirmé, connurent à partir du XIᵉ siècle une phase d'embellie sans pareille depuis l'époque romaine. Leur épanouissement doit beaucoup au renouveau de l'artisanat et du commerce. L'historien belge Henri Pirenne a pu écrire au début de ce siècle que la ville médiévale est fille du grand commerce. L'affirmation se colore maintenant d'une appréciation différente sur la nature des réseaux d'échanges qui stimulèrent la croissance urbaine : la vitalité des courants locaux et régionaux est désormais reconnue et, à ses côtés, place est également faite aux réalités politiques et culturelles. Mais il est indéniable que la ville médiévale, lieu par excellence de production et d'échanges, affirma alors avec éclat sa fonction économique. Elle sut capter les forces vives de la « révolution commerciale », qui, selon Roberto Lopez, fut à la période centrale du Moyen Age ce que la révolution industrielle fut au XIXᵉ siècle européen, le moteur de sa croissance.

Bien que toujours très minoritaire dans la société médiévale, le monde urbain concentra de la sorte les ferments de nouveauté qui contribuèrent à la mutation de la société féodale et firent de la ville le lieu de toutes les séductions, mais aussi de tous les dangers...

Augmentation de la production artisanale et des échanges

La mise en place de la société féodale, ainsi que l'expansion agricole, favorisèrent une demande en biens de consommation aux différents échelons de la société, depuis les seigneurs pour leur équipement et leurs signes extérieurs de richesse, jusqu'aux plus humbles pour améliorer quelque peu l'ordinaire, au gré des maigres gains réalisés par la commercialisation de leurs surplus.

L'artisanat occidental ne pouvait les satisfaire que partiellement. En effet, les grands domaines carolingiens, puis les seigneuries eurent à leur disposition, parmi les domestiques du maître, des hommes et des femmes dont le savoir-faire permettait de réaliser les objets de la vie courante : vaisselle en terre pour la cuisine, outillage sommaire, chaussures ou vêtements... Pour satisfaire une clientèle toujours plus nombreuse et plus exigeante, ces divers métiers se spécialisèrent, s'implantèrent hors des campagnes et affinèrent leurs productions. Mais elles étaient loin de pouvoir soutenir la comparaison, hormis pour les produits d'usage courant, avec celles des mondes byzantin ou musulman. L'unique secteur où l'Occident parvint à acquérir une réputation internationale fut celui de la fabrication des draps, lourdes étoffes de laine, dont la renommée gagna les marchés étrangers ; en toute logique, c'est aussi le seul domaine où la production atteint quelque ampleur, qu'il serait cependant abusif de qualifier d'« industrielle ». Elle se concentra tout d'abord dans les grandes villes « drapantes » de la Flandre (Douai, Ypres, Gand) qui achetaient leur laine à l'Angleterre voisine, et donna lieu à la mise au point de techniques de fabrication en série. Chaque opération, du filage de la laine aux finitions (teinture et foulage pour assouplir l'étoffe), en passant par le tissage lui-même, se voyait confiée à un corps de métier particulier, sous la coordination du drapier dont les capitaux lui permettaient d'acquérir la matière première avant d'assurer la commercialisation du produit fini. Contre les productions de luxe de ses voisins, les draps constituèrent l'une des grandes monnaies d'échange de l'Occident et, avec eux, quelques denrées pondéreuses, les grains ou le sel de la baie de Bourgneuf. De vastes courants commerciaux s'organisèrent alors autour de la Méditerranée et des mers nordiques.

Par le bassin méditerranéen, dont la fonction de communication n'a jamais vraiment été interrompue, les marchands occidentaux entrent en contact avec les deux puissances byzantine et musulmane et, par leur intermédiaire, avec les mondes lointains de l'Asie ou de l'Afrique. Ils en rapportent de multiples produits de luxe, très recherchés par les grands : les étoffes de qualité (soieries, dont les damas, ou fines cotonnades de Mossoul dites mousselines), les épices utilisées comme condiments, colorants ou médicaments, les métaux précieux, or ou argent, les cuirs travaillés et les fourrures. Les principales routes passent par les grandes îles, la Sicile, la Crète et Chypre d'où elles se dirigent, à travers la mer Egée, vers Byzance et la mer Noire dont les ports Caffa et Trébizonde sont au débouché des voies caravanières de l'Asie centrale ou des grands axes fluviaux des plaines russes. Elles peuvent aussi poursuivre jusqu'au Proche-Orient, vers Acre, Jaffa ou Beyrouth, à moins de gagner Alexandrie ou Le Caire qui leur ouvrent les portes du Soudan riche en or, de la péninsule arabique, voire, au-delà, des trésors de l'Inde. Peu volumineuses, les marchandises rapportées permettent de constituer des cargaisons lucratives qui sont au retour négociées dans les ports occidentaux d'où elles gagnent l'intérieur des terres : Amalfi, Bari, et plus durablement, Venise, Pise ou Gênes commencent à édifier ainsi leurs fortunes dès les Xe-XIe siècles.

Non moins actif, le commerce des mers nordiques porte sur des produits plus pondéreux, matières premières ou denrées alimentaires : minerais de cuivre ou d'étain, bois de construction, blés, poissons conservés dans la saumure (harengs), miel, mais aussi peaux et fourrures venues du grand Nord. La route maritime conduit les navires jusqu'aux pays scandinaves et au monde russe, par Novgorod, au nord, d'où des fleuves permettent de descendre jusqu'à Kiev. Au nord-est de la principale sphère d'action des ports anglais (Londres, Southampton) ou flamands (Bruges), règnent les marchands germaniques ; leurs activités s'appuient sur la fondation de Lübeck, au milieu du XIIe siècle, d'où ils construisent un empire commercial sur toute la mer Baltique qui se dote, à la fin du XIIIe siècle, d'une organisation commune. Sa brillante réussite lui vaut d'être connu sous le seul nom de Hanse (sous-entendu des villes allemandes de la Baltique), terme générique qui désigne toutes les associations de villes marchandes dont l'époque fut coutumière.

Le transport des marchandises se fait donc essentiellement par voie d'eau. D'une capacité encore limitée (5 à 600 tonnes), les navires, nefs méditerranéennes ou cogues des mers nordiques, permettent cependant d'acheminer plus rapidement les marchandises que ne le ferait le transport terrestre. Sur les fleuves, leur relais est pris par des barques à fond plat qui sillonnent la Tamise, la Meuse, la Moselle, le Rhin, la Seine, la Loire, le Rhône ou le Pô. Lorsqu'il faut enfin en venir aux routes, des entrepreneurs de transport organisent des convois de mulets qui empruntent les anciennes voies romaines ou des chemins pas toujours empierrés, ni pourvus de ponts en nombre suffisant ! Voyager n'est pas sans risque : outre l'inconfort, il faut compter avec l'insécurité qui règne le long des routes ou sur mer, en raison d'un brigandage et d'une piraterie qui n'ont pas totalement disparu. Les marchands ne partent donc jamais seuls, mais en groupes et réunissent leurs navires en convois, parfois sous l'escorte de bateaux de guerre (la mude vénitienne). Dans les villes étrangères où ils séjournent, ils prennent également l'habitude de se rassembler selon leur région d'origine pour mieux faire face aux difficultés qui peuvent surgir lors de la négociation des transactions, parfois effectuées par l'intermédiaire de courtiers, voire en cas de dégradation des relations politiques entre leur propre nation et celle qui les accueille. Mais, en règle générale, la puissance locale met à leur disposition de vastes entrepôts et lieux d'hébergement, appelés en Orient les funduks. Enfin, les marchands partagent les risques financiers de leurs expéditions, en divisant en parts les cargaisons de navires ou en constituant des sociétés sous contrat (*collegantia* ou *société de mer*) où les bénéfices sont répartis en fonction du montant de capital apporté et des risques encourus pendant le voyage.

En dehors des ports, les marchands européens ont aussi l'occasion de se retrouver dans des foires internationales, rencontres à lieux et dates fixes, présentes dans tout l'Occident (Winchester, Bruges, Saint-Denis ou Milan). Celles qui dominèrent sans conteste le commerce international, du milieu du XIIe au milieu du XIIIe siècles, sont dues à l'initiative des comtes de Champagne. Ils eurent l'intelligence de répartir sur toute l'année six foires en quatre villes : Provins et Troyes, — deux foires par an, en été et en hiver —, Lagny et Bar-sur-Aube, et de ménager à ceux qui les fréquentaient divers services : un sauf-conduit pour s'y rendre, des gardes de foire sur place pour garantir les transactions, enfin des lieux d'accueil pour les diverses communautés étrangères. Centres actifs d'échanges de marchandises, elles devinrent également des places financières, avant d'être supplantées dans ces rôles par le grand port flamand de Bruges.

Le renouveau du commerce s'est accompagné de celui de l'usage de la monnaie. Le monopole public de la frappe monétaire s'est trouvé atteint par le mouvement général de privatisation du pouvoir : l'Occident connut donc une multiplication des ateliers de frappe qui produisirent des monnaies de valeur modeste. Stimulées par les exigences du grand commerce, les villes italiennes, les premières, renouèrent au XIIIe siècle avec la monnaie d'or (Gênes et Florence, puis Venise), tandis que, dans le royaume de France, il faut attendre le règne de Saint Louis († 1270) pour voir limiter l'activité des ateliers seigneuriaux et s'imposer une monnaie d'argent, le gros tournois, très appréciée du commerce international à côté du ducat d'or vénitien, le « dollar du Moyen Age ». Pour éviter le transport des espèces, sont élaborés les premiers instruments de monnaie fiduciaire, mais leur diffusion date plutôt des derniers siècles du Moyen Age. Avec l'usage de l'argent, apparurent aussi les premiers banquiers et prêteurs, Cahorsins, Lombards ou Juifs ; leurs légendaires taux usuraires (très élevés, jusqu'à 30 %) sont dus au faible volume total de la masse monétaire.

Cette prestigieuse activité commerciale ne saurait éclipser celle, plus discrète, mais tout aussi efficace, des échanges régionaux ou locaux. Sur de petits marchés dont le nombre est alors en considérable augmentation, ou dans des centres urbains plus importants, se négocient les surplus agricoles, provoquant une timide pénétration monétaire dans les campagnes. La renaissance urbaine s'est nourrie de ce mouvement, tout autant que des grands échanges internationaux.

La renaissance urbaine

L'épanouissement du monde urbain se manifesta tout d'abord par l'explosion des vieux centres. Bourgs et cités hérités de la romanisation et du temps des royaumes barbares furent vite à l'étroit dans leurs anciennes enceintes, devant l'afflux de nouveaux arrivants, venus du voisinage dans l'espoir de trouver en ville une situation meilleure que celle qu'ils abandonnaient dans des campagnes surpeuplées. Ces citadins de fraîche date durent s'installer à

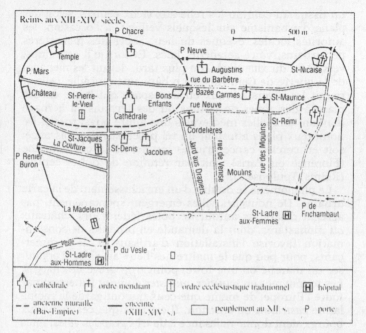

La croissance urbaine de Reims

Plan d'après Pierre Desportes, *Reims et les rémois aux XIVe et XVe siècles*,
Paris, Picard, 1979, repris dans M. Balard, J.-Ph. Genet, M. Rouche,
Le Moyen Age en Occident, Paris, Hachette, 1990.

l'extérieur, près des remparts et le long des voies de
communication aboutissant à la ville, ou bien se rassembler autour des abbayes qui s'étaient multipliées à la périphérie dans les anciennes zones cimétériales, à la faveur
de la christianisation, durant le Haut Moyen Age. Ces différents noyaux de peuplement forment les « faubourgs »,
nommés « ports » (*portus*) lorsqu'ils se situent le long
d'une rivière. Toutes les cités les voient fleurir, dès les XIe-
XIIe siècles ; des noms de rues en gardent parfois le souvenir ainsi que l'appellation de lieux-dits : Bourg-l'abbé,
Saint-Germain-des-Prés, faubourg Saint-Antoine, ou cette
« banlieue », espace situé au-delà des murs mais sur lequel
s'exerce toujours l'autorité (le ban) de la ville.... Peu à peu,

un tissu bâti continu les relie aux vieux centres, selon des plans d'urbanisme sur lesquels veillent, à l'occasion, les autorités locales, évêques du lieu, abbés des monastères périurbains, voire seigneurs laïcs. Et lorsqu'il est temps, vers la fin du XIIIᵉ siècle, ou plus tard, devant les menaces de la guerre de Cent Ans, de rebâtir une muraille, celle-ci réunit les divers noyaux en un espace qui laisse encore place à des zones de jardins ou des terrains en herbage donnant aux villes médiévales une allure quasi rurale. De nombreux plans attestent un tel processus de croissance, soit en cercles concentriques autour de la cité romaine (Florence ou Paris), soit par réunion de divers centres (Reims, Toulouse...).

Le phénomène se double d'un enrichissement de la carte urbaine. De nouvelles villes émergent spontanément, par agrégat d'habitats autour de pôles fédérateurs, châteaux ou monastères, dont la demande en produits de consommation favorise l'installation d'artisans et de commerçants, pour peu que le maître des lieux ait l'idée d'organiser un marché ou une foire, point trop grevé de charges. Les toponymes en *moûtier*, *munster* ou *mint* l'attestent par toute l'Europe, de même que ceux qui ont gardé la racine latine *castellum* ou *castrum*. Il est rare que ces nouveaux bourgs aient donné naissance à de très grandes villes, mais ils contribuèrent largement à l'animation de l'économie locale et à l'édification d'un réseau urbain hiérarchisé. La volonté des princes fit enfin sortir de terre quelques villes qui donnèrent lieu à des réussites variables, certaines brillantes (Lübeck), d'autres plus modestes (Aigues-Mortes). Elles obéissaient à des motifs d'ordre économique, la mise en valeur d'un terroir, et politique, le contrôle d'un pays : ce fut le cas, notamment, des nombreuses bastides créées par les rois de France et d'Angleterre, dans le sud-ouest du royaume, chacun sur ses terres. Ces fondations sont en règle générale aisément reconnaissables à leur plan régulier en damier, ordonné autour d'une place sur laquelle se trouvent l'église et la halle.

Très rapidement, les habitants des villes eurent soin d'obtenir un statut propre, le droit de bourgeoisie. Acquis au terme d'un an de séjour; il répond aux besoins spécifiques du monde urbain. Les bourgeois souhaitent en effet échapper aux entraves que constituent pour eux les barrières élevées par les diverses cellules seigneuriales : manque de liberté personnelle, péages et droits divers qui alourdissent les coûts... Ils veulent également se soustraire à l'arbitraire des puissants et s'appuyer sur un droit qui soit mieux adapté que le droit féodal rural au règlement de leurs différends. Bien éloignées des préoccupations des hommes de guerre, leurs aspirations rejoignent davantage celles des mouvements de paix. Or, l'obtention de ces privilèges, qui traduisent la reconnaissance de la communauté urbaine par l'autorité locale, ne s'est pas toujours déroulée sans heurt. Dans certaines villes, les bourgeois ont dû affronter l'hostilité des féodaux, seigneurs laïcs ou ecclésiastiques, qui se sentaient menacés dans leurs prérogatives. Pour mieux l'emporter, les citadins décidèrent de s'unir sous serment commun (*conjuratio*), constituant ainsi une commune. Les communes furent surtout nombreuses dans le nord du royaume de France où certaines connurent des épisodes sanglants (Laon, 1112). Le mouvement communal vécut aussi de belles heures en Italie du Nord, face au pouvoir impérial germanique et face à celui des évêques : ces derniers furent évincés du gouvernement de la cité par l'union de l'aristocratie urbaine et de la bourgeoisie. Les villes italiennes devinrent alors de puissantes unités économiques et politiques qui étendirent leur domination sur la campagne voisine, leur contado.

Mais, plus fréquemment que par la violence, c'est par la négociation que les villes obtinrent leurs statuts ; les deux parties y trouvèrent leur intérêt, de même que pour les franchises rurales. Princes et seigneurs prirent soin de ménager leur droit de regard sur les nouvelles institutions urbaines, tout en concédant aux bourgeois la police interne de la cité, y compris ses charges, telle la défense, ainsi que le règlement de leurs propres litiges ; et ils conservèrent pratiquement toujours le contrôle et les revenus de la haute justice, notamment des crimes de sang. Ainsi, les Plantagenêts octroyèrent-ils aux villes de leurs possessions situées dans l'ouest du royaume de France, des privilèges connus sous le nom des « Etablissements de Rouen » qui furent conservés par les Capétiens, une fois les souverains anglo-normands vaincus.

Parmi les différentes communautés d'habitants que connaît l'Europe médiévale, la ville a donc trouvé sa place, organisme autonome, géré par un collège issu du sein de ses habitants, dont les membres sont nommés échevins dans le Nord et consuls, dans le Sud, en hommage à la romanité.

Une société originale

Si le monde urbain médiéval fit plus tôt que le monde rural l'apprentissage des responsabilités collectives, il n'engendra pas pour autant une société égalitaire. Celle-ci fut rapidement dominée par le groupe des marchands. Les contraintes de leur métier habituèrent ces derniers à s'associer en des guildes, dont le but était de protéger les tenants du marché local face à tout nouvel arrivant, et de leur assurer une représentation et un répondant à l'extérieur, en cas de besoin. Le droit urbain mit d'ailleurs largement à profit les usages éprouvés par ces compagnies, dans la conduite desquelles les marchands firent également l'expérience du gouvernement collectif. Ils sont donc bien armés pour prendre en main le gouvernement de la cité, d'autant plus qu'ils ont su édifier une solide fortune. Or, la révolution commerciale a permis de rapides ascensions sociales et l'émergence, du nord au sud de l'Europe, d'un patriciat urbain ou *popolo grasso* en Italie.

Après 1200, celui-ci acquiert une domination sans partage sur les villes, aux dépens des anciennes élites, aristocraties urbaines ou officiers seigneuriaux. Leur puissance économique les conduit tout d'abord à régir l'ensemble de l'activité urbaine : ils maîtrisent l'artisanat en lui fournissant sa matière première (laine ou cuir, par exemple) et en assurant l'écoulement de ses productions. Leur fortune leur permet ensuite d'acquérir des biens fonciers dans la ville puis dans les campagnes alentour ; ils en viennent à contrôler des quartiers entiers, autour de leurs palais ou de ces tours érigées, en Italie, pour mieux marquer leur domination ; c'est là que se vit tout un réseau de clients et d'obligés. Ils complètent enfin leur pouvoir en détenant fréquemment le monopole des magistratures municipales : le gouvernement de la ville se confond dès lors avec la défense des privilèges de quelques grandes familles.

A l'échelon inférieur se situe le monde bigarré des artisans, où se côtoient aussi bien les travailleurs du textile ou du cuir, que tous ceux qui œuvrent dans le bâtiment et les métiers de bouche. Mais une stricte hiérarchie s'établit entre eux : certaines professions sont réputées plus nobles que d'autres, en fonction de la technicité du savoir-faire et de l'équipement à acquérir. Ainsi, le prestige des tisserands n'a d'égal que le discrédit qui s'attache aux bouchers dont les mains sont rougies de sang ! De même que les marchands, les artisans de chaque ville sont organisés en associations, les métiers, parfois dits métiers-jurés, lorsque leurs membres sont astreints à prêter serment devant le pouvoir local. A partir du XIIᵉ siècle, ces sociétés se préoccupèrent de coucher par écrit leurs statuts, le plus souvent à l'instigation de la puissance publique : à Paris par exemple, Saint Louis demanda à son prévôt Etienne Boileau de les rassembler dans *Le Livre des Métiers*.

A l'image des guildes marchandes, les métiers veillent à la répartition des ressources du marché local entre les différents ateliers ; il ne peut s'en ouvrir de nouveaux dans la ville sans leur autorisation. Ces sociétés professionnelles contrôlent également la transmission du savoir-faire par les maîtres à leurs apprentis qui deviennent, une fois qu'ils ont fait leurs preuves, valets ou compagnons dira-t-on plus tard. La réglementation de la production en assure la qualité : ainsi un sceau de plomb apposé par des contrôleurs sur chaque pièce de drap vient-il garantir sa validité avant sa mise en vente. Tous les artisans d'un même secteur sont tenus d'appartenir au métier où se retrouvent ainsi maîtres, valets et apprentis ; mais seuls les premiers élisent entre eux, à tour de rôle, un conseil chargé de la police du groupe et du bon exercice de la solidarité entre ses membres. Les associations professionnelles comportent en effet une dimension d'entraide, à caractère religieux, parfois prise en charge par une société particulière, la confrérie. Contre une cotisation annuelle et des revenus prélevés sur les amendes infligées aux contrevenants aux règles professionnelles, elle assure un soutien aux accidentés, aux malades ou aux orphelins, une aide à l'organisation des funérailles de chacun, ainsi que des prières collectives pour les vivants et les morts du groupe.

Ce tableau de la société urbaine médiévale ne saurait se clore sans évoquer la présence, entre les murs de la cité, du groupe des clercs et d'une frange de population « tombée en pauvreté », pour reprendre l'expression de l'époque, vivant de menus travaux ou de mendicité, venue chercher en ville, auprès des établissements religieux ou hospitaliers, le secours qu'elle n'a pu trouver ailleurs.

Par la densité de ses habitants, la spécificité de leurs
activités et de leur mode d'organisation, où les structures
associatives tiennent une place prépondérante, la société
urbaine affirme sa singularité par rapport à celle des campagnes. Elle la manifeste fièrement par l'édification de
monuments qui dominent de toute leur hauteur le plat
pays environnant : les murs de son enceinte, refuge offert
au voisinage le cas échéant, une ou plusieurs églises,
cathédrale ou églises paroissiales, dont les voûtes ne cessent de s'élever plus haut grâce aux prouesses techniques
des maîtres de l'art roman puis gothique, enfin, pour les
plus fortunées, hôtels de ville ou, en Italie, palais communaux dont les beffrois rivalisent à dessein avec les tours
des maisons aristocratiques ou religieuses, et affirment à
la vue de tous la réussite du pouvoir citadin. De grandes
halles complètent à l'occasion cette parure, notamment
dans les villes flamandes : comment, à leur vue, nier la
fonction marchande de la ville médiévale ? Ce cadre sert
de décor à l'ordonnancement de fêtes, lors des jours chô-
més où l'Eglise interdit de travailler, au cours desquelles
se forge l'identité propre de la ville. De la sorte, une culture
urbaine s'élabore progressivement : références, coutumes,
maintiens distinguent ses tenants des rustres. Mais pre-
nons garde de ne pas trop opposer les deux mondes : il
n'est pas si loin le temps où vivaient encore dans les campagnes les familles de ces citadins qui, une fois construite
leur fortune, n'eurent de cesse de l'investir dans les
champs. Les lourdes murailles demeurent percées de multiples poternes, et le son des cloches retentit sur le même
ton en deçà et au-delà...

CHAPITRE VIII

LA CONSTRUCTION DE LA CHRÉTIENTÉ

Depuis le temps des royaumes barbares, la civilisation occidentale se construit sur le christianisme, mais il n'est vraiment question d'une « chrétienté » qu'au moment où, entre les XIe et XIIIe siècles, les cadres rénovés de l'institution ecclésiastique sont les seuls à couvrir avec uniformité un monde politiquement atomisé, l'isolant définitivement de ses voisins de christianisme grec. L'entreprise fut menée par les clercs, non pas en raison d'un goût effréné pour le pouvoir, mais au nom d'une nouvelle conception des rapports qui doivent régir la vie temporelle et la vie spirituelle de la société et, avant toute chose, dans la conviction profonde de remplir la mission dont ils sont comptables devant Dieu, à savoir mener ce monde au salut.

L'Eglise dans la société féodale

Dans la vision théorique qu'elle donne d'elle-même, sous la plume des clercs, la société féodale place en premier par la dignité, ceux qui prient, chargés d'attirer la clémence et la bénédiction divines sur ceux qui combattent pour assurer la défense et l'ordre du monde, et sur ceux qui travaillent pour le nourrir.

Depuis l'époque carolingienne, les véritables spécialistes de la prière, sur lesquels repose donc cette fonction sociale d'oraison pleinement reconnue, sont les moines et les moniales, dont, on s'en souvient, saint Benoît d'Aniane a accentué, dans l'organisation de leurs journées, le temps de présence au chœur. Or, la réelle diffusion de sa réforme intervint, plus d'un siècle après sa mort, à l'instigation des moines clunisiens. En effet, la maison fondée en 909 par le duc Guillaume d'Aquitaine dans la vallée de la Grosne, près de Mâcon, devint le centre d'un véritable empire monastique grâce à la forte personnalité de ses abbés successifs et aux privilèges qu'ils parvinrent à acquérir, immunité et exemption (soustraction à l'autorité de l'évêque du diocèse d'implantation et dépendance directe du pape, à Rome, encore peu puissant et lointain). Cet empire s'étendit d'abord aux régions voisines (Massif central, Poitou, Provence, Languedoc) avant de gagner le nord du royaume, l'Italie, l'Espagne, le monde germanique et l'Angleterre. A son apogée, au XIIe siècle il compte plus de 1 000 maisons, en majorité des prieurés fondés directement par la maison-mère et dont le supérieur, le prieur, demeure sous l'autorité de l'abbé de Cluny : les principaux sont nommés ses cinq filles, Souvigny, La Charité-sur-Loire, Sauxillanges, Saint-Martin-des-Champs à Paris et Lewes en Angleterre. Aux créations directes, s'ajoutent d'anciens monastères réformés qui viennent grossir la congrégation clunisienne. A la tête de plusieurs milliers de religieux répartis dans tout l'Occident, l'abbé de Cluny fut longtemps le second personnage de la chrétienté, après le pape. Plus que tous les capitulaires carolingiens, l'ordre clunisien contribua à l'unification du monachisme occidental sous les mêmes coutumes, d'autant plus que certains prestigieux établissements, qui refusèrent de faire le jeu de cette centralisation, furent cependant réorganisés dans un esprit voisin : Saint-Bénigne à Dijon ou les monastères de la Trinité de Fécamp et de Fleury-sur-Loire.

Les « moines noirs », selon l'appellation donnée aux bénédictins, clunisiens et autres, en raison de la couleur de leur habit, furent alors l'objet de toutes les faveurs : chacun souhaitait bénéficier de leurs prières de son vivant, mais plus encore après sa mort. Pour être couchés sur ces *livres de vie* où s'allongeait la liste de ceux pour lesquels ils récitaient des oraisons ou célébraient des messes commémoratives de leur trépas, nombreux furent les fidèles, du plus humble au plus riche, qui n'hésitèrent pas à se dépouiller de tous leurs biens et à leur donner de menues sommes ou des seigneuries entières, voire à venir terminer leurs jours au sein de leurs communautés, afin de mourir sous l'habit. La réussite spirituelle de Cluny va de pair avec la construction d'une immense fortune. En ces temps, l'accès au salut emprunte donc prioritairement la voie de l'abandon total de la vie dans le monde, selon les trois vœux que prononcent les moines : vœu de renoncement aux biens matériels et à la vie affective, vœu d'obéissance au supérieur, en l'occurrence l'abbé, et vœu de stabilité, à vie, dans une même abbaye, sauf décision expresse. C'est à ce prix qu'ils peuvent entièrement se consacrer à leur fonction de prière à laquelle les usages clunisiens ont également attaché une dimension caritative, conforme aux prescriptions de la règle bénédictine primitive : leurs monastères, largement ouverts sur le monde, distribuaient vivres et soins aux pauvres de passage, mais savaient aussi bien accueillir les puissants dans des hôtelleries plus confortables.

Cette primauté acquise par le monde monastique ne doit pas faire oublier qu'il n'est qu'une partie de l'Eglise, la communauté des croyants qui, alors, se confond quasiment avec l'ensemble du corps social, à l'exception de quelques communautés juives. Or, les *Miroirs des princes* des temps carolingiens confient comme plus haute mission au souverain, sa conduite vers le salut, par le maintien de la paix et l'exercice d'une bonne justice, en collaboration avec le pape qui, secondé par le clergé, définit le dogme, assure la vie liturgique et administre les sacrements. C'est en vertu de cette responsabilité que le prince s'autorise diverses interventions dans la vie matérielle de l'Eglise de son ressort. Aux temps féodaux, en tant que détenteurs des attributs de la puissance publique, princes ou sires ne négligèrent pas cette composante religieuse, soit par conviction, soit parce que le contrôle des charges ecclésiastiques constituait un atout non négligeable dans leur jeu. Evêchés et abbayes peuvent venir combler plus d'un vassal, attendu que leur sont attachés des revenus fonciers et, par privilèges d'immunité ou concessions royales, notamment dans l'Empire, l'exercice du ban sur leurs territoires ; ce sont fréquemment de puissantes seigneuries rurales ou urbaines. Le processus ne s'appliqua pas uniquement aux échelons supérieurs de la hiérarchie, mais gagna bien vite le moindre bénéfice, paroisse ou chapelle privée fondée sur les terres d'un seigneur. Au nom de son droit de protection et de la dotation matérielle concédée, ce dernier entendit pouvoir en disposer à sa guise pour le confier à tel ou tel de ses proches. Ce mode de nomination aux diverses charges ecclésiastiques n'est pas en soi incompatible avec les exigences de l'Eglise : un maître, conscient de ses responsabilités, peut faire le choix d'hommes justes et droits. Mais, entaché d'arbitraire, le procédé ouvre la porte aux pires abus, à tous les niveaux, lorsqu'un pouvoir sans scrupule n'hésite pas à en tirer le profit maximum, livrant les charges au plus offrant ou au plus docile, qui n'est pas forcément le plus compétent, ni le plus tenté par le mode de vie religieux.

C'est ainsi que des esprits réformateurs eurent beau jeu de dénoncer un clergé devenu simoniaque (qui fait commerce des charges ecclésiastiques) et nicolaïte (aux mœurs non conformes à l'idéal de chasteté que requiert le magistère), plus généralement, une Eglise « tombée aux mains des laïcs ». Le discours naquit dans des milieux proches de monastères précocement réformés, tel Gorze. En Italie, deux ordres marqués par l'érémitisme, les camaldules et les vallombrosins, le reprirent à leur compte. Moines, puis évêques acquis à ces idées, notamment en Lorraine, rassemblèrent des collections de textes propres à en légitimer la diffusion, en puisant dans la tradition du droit canon, à savoir le droit de l'Eglise. Enfin, il trouva également l'appui de groupes de laïcs dont, à Milan entre 1045 et 1085, les patarins (loqueteux) : soucieux de remettre leur salut entre les mains d'un clergé vertueux, ils n'hésitèrent pas à récuser la validité des sacrements administrés par des clercs réputés indignes et poursuivirent ces derniers de leur vindicte. Si, pour certains esprits, tel Pierre Damien († 1072), rigoureux propagateur d'une réforme des mœurs dans l'Eglise, cette rénovation doit être conduite, selon le vieux schéma carolingien, conjointement par le pape et l'empereur, pour d'autres, il apparut bien vite que l'éclatement de l'Empire le rendait caduc et qu'il fallait lui substituer un nouvel ordre du monde.

La réforme grégorienne

Au vaste mouvement baptisé « réforme grégorienne » reste attaché le nom du pape Grégoire VII (pape de 1073 à 1085), une des personnalités les plus affirmées qui eut à le défendre contre la volonté de l'empereur germanique Henri IV († 1106). Mais ces affrontements de personnes ne doivent pas dissimuler que son élaboration théorique et sa mise en œuvre furent conduites sous plusieurs générations de papes : amorcées sous le pontificat de Léon IX (pape de 1049 à 1054), elles ne triomphèrent véritablement que sous celui d'Innocent III (pape de 1198 à 1216), deux règnes entre lesquels elles connurent des étapes marquantes, notamment sous Urbain II (pape de 1088 à 1099).

La réforme grégorienne dépasse de loin les conflits entre papes et empereurs, ainsi que la réforme morale d'une Eglise gangrenée par l'argent et la débauche, dans lesquels elle fut longtemps enfermée. Elle n'ambitionnait rien moins que de redéfinir les relations entre les dimensions spirituelle et temporelle du monde. Le système de pensée sur lequel elle se fonde contribua donc à mieux différencier les deux notions ; mais il ne débouche pas encore sur l'affirmation de leur autonomie, attendu qu'il instaure entre elles une stricte hiérarchie : la prédominance du spirituel sur le temporel. La mutation la plus radicale avec l'époque précédente ne tient sans doute pas tant à cette hiérarchie des valeurs, fidèle aux Ecritures chrétiennes pour lesquelles l'homme ne vit pas que de pain. Elle réside davantage dans le fait que la séparation de principe se prolonge par la stricte distinction de deux états de vie : celui du clerc, qui incarne les valeurs du spirituel, et celui du laïc, celles du temporel. Les premiers, seuls, disposent désormais des compétences nécessaires pour discerner les principes qui régissent l'ordre religieux et social ; et il leur incombe en conséquence de les expliciter à l'intention des seconds. Il devient alors totalement impensable que les laïcs interviennent dans les affaires des clercs : l'Eglise y gagne sa pleine liberté, un combat fondamental pour les grégoriens. Ce principe met également fin au co-gouvernement du monde par le pape et l'empereur : au premier de définir la mission du second et de contrôler sa bonne exécution, quitte à déposer le prince qui ferait preuve d'incapacité notoire. Mais la « spiritualisation » du monde à laquelle s'attachent les grégoriens ne concerne pas uniquement la conduite de ses affaires ; elle s'étend à tous. Elle abolit donc le système antérieur qui faisait reposer le salut de la société sur une forme de délégation de prière. Désormais, il importe que chacun, dans son état, œuvre à son propre salut, en suivant les conseils dispensés par le magistère et en recevant les sacrements administrés par les clercs : hors de l'Eglise point de salut !

Ainsi placée en tête de la société, l'Eglise doit donner le modèle d'un comportement conforme à sa prédication. C'est pourquoi l'application des principes grégoriens débuta par la réforme des institutions ecclésiastiques et celle de la vie des clercs.

L'effort porta tout d'abord sur la modification du processus de nomination aux charges ecclésiastiques. Du sommet à la base de la hiérarchie, il convient de les soustraire à l'ingérence laïque. A partir de 1059, la désignation du pape n'est plus confiée « au clergé et au peuple de Rome », selon le vieux principe, mais à un collège de clercs désignés à cet effet : les cardinaux. Elle échappe désormais au jeu des rivalités entre grandes familles romaines et à l'intervention de l'empereur. En outre, la primauté du siège de Pierre est affirmée plus nettement qu'auparavant dans le gouvernement de l'Eglise d'Occident, quitte à accentuer de la sorte la coupure avec celle d'Orient demeurée fidèle à un système collégial fondé sur la communion entre les patriarcats. Le pape se dote alors de moyens d'agir dans les divers diocèses, par l'intermédiaire des légats, envoyés temporaires, qui tranchent les différends et font progresser les idées réformatrices.

Plus largement, le but des grégoriens était de replacer dans le giron de l'Eglise l'investiture à l'ensemble des charges ecclésiastiques : aux chapitres cathédraux ou monastiques la charge d'élire évêques ou abbés ; à l'évêque de nommer les desservants des paroisses de son diocèse. La réalisation de ce programme se heurta à la violente opposition des princes qui voyaient ainsi leur échapper de puissants instruments de gouvernement, de même qu'à celle des seigneurs locaux. Mais l'Eglise finit par avoir gain de cause. Le canoniste Yves de Chartres mit fin à la « querelle des investitures » en énonçant le principe, sanctionné par le concordat de Worms (1122), de la double investiture : le dignitaire de toute charge ecclésiastique se voit donner une première investiture par la papauté (ou son représentant) pour la dimension pastorale et spirituelle de sa charge, puis une seconde de la part du prince dont relèvent les prérogatives temporelles qui s'y rattachent. Quant aux seigneurs locaux, par crainte d'échapper au salut, ils se résolurent à restituer aux clercs les paroisses dont ils avaient le contrôle, au terme d'un mouvement assez lent et d'ampleur variable d'une région à l'autre. Mais ils le firent fréquemment en faveur de monastères qui surent donner une image plus prestigieuse que les évêques : le contrôle de ces derniers sur leur diocèse demeura donc encore longtemps partiel.

Pour être crédible, l'entreprise grégorienne ne peut compter uniquement sur les structures ; elle doit aussi s'appuyer sur un clergé digne de la mission de « miroir social » qui lui est confiée, expression synonyme, à l'époque, de modèle. L'idéal proposé reprend les éléments de la vie commune adoptée, notamment depuis l'époque carolingienne, par certaines communautés de chanoines qui forment, auprès de chaque église-cathédrale, le conseil de l'évêque ou bien assurent le service d'églises collégiales séculières. La règle qui prévaut alors, inspirée de celle de saint Augustin, durcit celle de saint Chrodegang : toute propriété personnelle est désormais bannie et l'accent est mis sur la vie communautaire au dortoir et au chœur. Mais les chanoines ne se retirent pas pour autant du monde ; ils sont le plus souvent installés en ville et peuvent se déplacer à loisir. Ainsi, tout en ménageant les impératifs de la pastorale des fidèles qu'il faut instruire et auxquels il convient d'administrer les sacrements, le mode de vie de ces chanoines réformés tente de se rapprocher de celui des moines. Faute d'entraîner dans la réforme l'ensemble des communautés canoniales, dont beaucoup, surtout au nord des Alpes, se montrèrent récalcitrantes devant ces contraintes nouvelles, le mouvement fit naître des congrégations de chanoines réguliers, maisons réformées groupées autour de Saint-Ruf de Marseille et de Saint-Victor de Paris, ou ordres religieux, tels les prémontrés. Enfin, les décrets conciliaires grégoriens ne cessèrent de renouveler à l'intention du clergé l'obligation de se soustraire au trafic des choses sacrées (contre la simonie) et celle de mener une vie chaste, dans le célibat (contre le nicolaïsme). Ce n'est donc pas avant la fin du XIe siècle qu'en Occident, cet état de vie se trouve requis des prêtres alors que, jusque-là, il leur était uniquement recommandé mais non imposé, hormis pour exercer les plus hautes charges.

En corollaire, la perspective grégorienne fait de l'état matrimonial le propre des laïcs. Il peut être vécu chrétiennement, à condition de se conformer aux principes, réaffirmés à destination de tous depuis les temps carolingiens, d'un mariage exogame, indissoluble, monogame et consensuel. Bien qu'au regard du droit canonique, l'échange du consentement des époux suffise à la légitimité

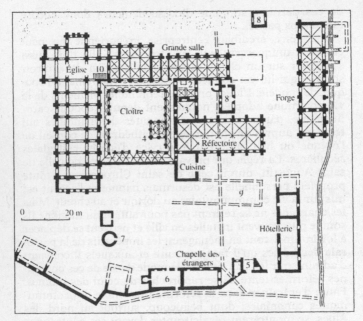

1. Salle capitulaire. – 2. Petit chauffoir. – 3. Grand chauffoir. – 4. Lavabo. – 5. Conciergerie. – 6. Boulangerie. – 7. Colombier. – 8. Infirmerie. – 9. Cellier. – 10. Escalier conduisant au dortoir des moines, situé au-dessus de la salle capitulaire et de la grande salle.

Plan de l'abbaye cistercienne de Fontenay (XIIᵉ siècle)

de l'union, l'usage se prend alors de la faire bénir par un prêtre : le mariage devient un sacrement.

La libre expression des consciences et les risques de l'hérésie

Le nouvel ordre grégorien ne vint pas du seul magistère ; sa réception en profondeur prouve qu'il sut traduire des aspirations largement partagées. Clercs et laïcs ne vécurent plus désormais leur foi dans le même esprit que les générations précédentes.

Le fait est sensible dans le monde monastique qui, dès les débuts du XIᵉ siècle, fut traversé par des courants de renouveau, particulièrement marqués par l'érémitisme, ce mode de vie solitaire mené par ceux que l'on nomme également les anachorètes. Aux deux ordres toscans précédemment cités, se joint la fondation de celui des chartreux par saint Bruno en 1084, qui conjugue vie érémitique et vie communautaire, dite aussi cénobitique. Et même lorsque les ordres nouveaux demeurent fidèles à une existence en communauté (Fontevraud fondé au début du XIIᵉ siècle par Robert d'Arbrissel ou les grandmontains, par Etienne de Muret en 1076), voire lorsqu'ils la rénovent, comme le firent pour la règle bénédictine les cisterciens, sous la direction fougueuse de saint Bernard, tous mettent l'accent sur la quête intérieure qui anime la conscience de chaque religieux. En créant un monastère, il ne s'agit plus uniquement d'ériger des citadelles de la prière à l'intention de la société entière, mais de permettre à ceux que poussent entre leurs murs une soif d'absolu, de favoriser le plus possible leur recherche individuelle du divin. Celle-ci s'accomplit dans le dépouillement intégral, celui déjà éprouvé de la pauvreté personnelle, mais aussi celui de la pauvreté de tout l'ordre, jusque dans ses bâtiments et dans sa vie liturgique : l'austère beauté des constructions cisterciennes en donne la meilleure illustration. L'abandon de toute ornementation, aussi bien sur les murs et les chapiteaux que sur les ouvrages liturgiques ou dans les chapelles, pour ne laisser place qu'aux lignes épurées d'une architecture animée par les seuls rayons de lumière que dispensent avec parcimonie les ouvertures, et à une unique statue de Notre-Dame, doit permettre aux moines de se concentrer sur leur prière sans la moindre source de distraction. L'ordre qui se construisit alors autour de Cîteaux, au rayonnement comparable à celui de Cluny, devint au XIIᵉ siècle le nouveau fer-de-lance de l'Eglise.

Les fidèles, pour leur part, donnent des signes d'adhésion qui dépassent, pour certains, les espérances des réformateurs. Ils font preuve d'une exigence croissante à l'égard des clercs, dont ils attendent un comportement toujours plus conforme au message évangélique. Or, la diffusion des nouvelles normes de vie se fait avec lenteur et la formation du clergé demeure très inégale. Mais ce qui paraissait supportable auparavant le devient de moins en moins. En effet, des laïcs toujours plus nombreux, conscients de leur responsabilité personnelle en matière de salut, souhaitent être mieux informés de leur foi, avoir accès aux Ecritures et pouvoir faire preuve d'esprit critique. C'est ainsi que des hommes n'hésitent pas à prendre la parole, pour communiquer leurs opinions en matière de dogme ou de discipline ecclésiastique : certains sont clercs, mais d'autres laïcs, au mépris du monopole énoncé par les grégoriens. Parmi eux se mêlent des tenants de l'ordre ancien qui refusent la nouvelle vision grégorienne du monde, et des esprits plus entiers, déçus de l'application trop lente de la réforme ; tous alimentent de solides courants anticléricaux. Lorsque, entraînant à leur suite un groupe de disciples, ils n'adhèrent plus à la totalité de l'enseignement de l'Eglise et récusent la place de cette dernière dans l'économie du salut, par expression d'un libre choix — étymologie grecque du terme « hérésie » —, ils franchissent des bornes que le magistère ne peut tolérer, d'autant moins qu'à partir du XIIᵉ siècle, le mouvement prend une réelle ampleur. Or, passé les grands conflits dogmatiques des débuts du christianisme, l'Eglise médiévale n'avait guère été, jusque-là, aux prises avec l'hérésie, sauf sous forme de petits groupes sporadiques, dont quelques habiles prédications, voire déjà des bûchers, avaient eu raison. Mais, avec le XIIᵉ siècle, émergent d'importants courants : dans la région lyonnaise et le monde alpin, les vaudois, ainsi que les cathares, en Italie du Nord et dans le sud-ouest du royaume de France.

Les premiers doivent leur nom à un riche marchand lyonnais, Valdès, qui décida, vers 1170, d'abandonner tous ses biens, de se faire traduire les Ecritures et de partir prêcher la pénitence et la pauvreté. Sommé de venir s'expliquer à Rome, il ne fut pas jugé hétérodoxe ; puis, le durcissement du ton de ses propos contre l'Eglise et sa critique des clercs, qu'il juge plus indignes d'administrer les sacrements que bien des laïcs « purs », le font excommunier. A la différence des vaudois qui n'ont, somme toute, que poussé à l'excès des critiques de nature dirions-nous anticléricales, les cathares, sous un vocabulaire chrétien, diffusent un enseignement religieux incompatible avec celui du christianisme. Leur dogme repose sur une vision dualiste du monde, théâtre de l'affrontement du dieu du bien, dont les forces sont d'ordre spirituelle, et du dieu du mal, qui régit ce qui relève de la matière. Aussi, pour aider à la victoire du premier, les Parfaits cathares préconisent-ils de renoncer à tout commerce charnel, aussi bien dans les relations entre humains que dans l'alimentation. Mais cette vie de dur renoncement ne peut être menée que par quelques-uns ; aux autres, ils prodiguent un enseignement régulier et une réconciliation sur leur lit de mort, le *consolamentum*. Simple à assimiler, cette doctrine fédéra tous les mécontents de l'évolution sociale récente, petits seigneurs désavantagés par le régime féodal et la division des patrimoines familiaux, artisans, paysans, hommes et femmes, notamment dans le Languedoc, d'où le nom d'Albigeois donné à ses adeptes.

Tous ces courants qui fermentent parmi les fidèles font clairement savoir au magistère (la hiérarchie de l'Eglise) qu'il convient de mener de front la pastorale et la réforme, toujours inachevée, des clercs. Dans cette entreprise, l'Eglise crut d'abord pouvoir s'appuyer sur les membres des ordres religieux rénovés. Mais en vain. En effet, les missions cisterciennes de prédication dans le Languedoc cathare débouchèrent toutes sur des échecs. L'ordre fut, si l'on peut dire, victime de son succès récent : un afflux de donations de la part des fidèles et la trop bonne gestion de ses biens eurent pour conséquence un enrichissement qui porta atteinte à son crédit moral. Le secours vint alors de deux hommes qui surent incarner les aspirations de leur temps. Le premier, saint Dominique († 1221), chanoine de la cathédrale d'Osma en Espagne, frappé, en traversant le Languedoc, de l'urgence de la mission intérieure, fonda tout d'abord, à Prouille, entre Toulouse et Carcassonne, une maison pour les femmes hérétiques converties, à l'origine de l'ordre des dominicaines, puis un ordre masculin qu'il voulut exclusivement adonné à la prédication : les frères prêcheurs ou dominicains. Mais la parole (prédication par le verbe) devait s'appuyer sur le témoignage d'une vie pauvre, faite de mendicité, et consacrée à la prière, l'étude et la prédication itinérante (prédication par l'exemple). Il plaça ses frères sous la règle de saint Augustin, plus conciliable avec ce mode de vie original que celles des ordres contemplatifs. Simultanément, en Ombrie, le fils d'un riche marchand d'Assise, François Bernardone, se convertit brusquement à une vie de pénitence, au service de Dame Pauvreté, à travers celui des plus démunis. Ce choix aurait pu le faire passer pour quelque hérétique s'il ne s'était toujours accompagné du plus grand respect pour l'Eglise et ses représentants, les prêtres, ministres du sacrement de l'eucharistie. Les disciples affluèrent à ses côtés pour créer l'ordre des frères nommés par humilité mineurs, ou franciscains, pourvu de sa propre règle ; eux aussi vivaient de mendicité et prêchaient par la parole et par l'exemple. Ils connurent un vif succès dû au charisme exceptionnel de leur fondateur canonisé en 1228, à peine deux ans après sa mort. Simultanément, une jeune fille d'Assise, la future sainte Claire, profondément marquée par l'expérience de François, fonda l'ordre des Pauvres Dames (plus tard appelées clarisses) pour proposer aux femmes un idéal de vie similaire, hormis la prédication itinérante. Les ordres mendiants étaient nés, avec le soutien de la papauté qui avait su discerner en eux un puissant ferment de renouveau. L'Eglise va même jusqu'à leur confier les tâches les plus ingrates, comme de réprimer l'hérésie par la force, puisque la voie de la persuasion s'est avérée inopérante. C'est ainsi qu'en 1231-1233 est créé le tribunal de l'Inquisition. Mais ce n'est pas tant l'action de ce dernier, dont il convient de relativiser l'ampleur sans pour autant la justifier, qui vint à bout de l'hérésie, que les nouvelles perspectives offertes alors par l'évolution politique à ses principaux adeptes (rattachement du Languedoc au domaine royal). Seuls, quelques fidèles, réfugiés dans les zones de montagne, Alpes ou Pyrénées, gardèrent l'enseignement des Parfaits au-delà du XIIIe siècle ; et l'Europe centrale fut le refuge de vaudois dont des descendants se trouvent, au XVe siècle, aux côtés des hussites.

Mais la meilleure pastorale contre la tentation dualiste ne vint-elle pas du fourmillement des inventions de l'âme et de l'esprit, gestes quotidiens ou vifs éclats de la création artistique, signes de la noblesse de la créature dont les maîtres enseignent qu'elle est le plus beau témoignage rendu au Créateur ?

CHAPITRE IX

LA VIE DE L'ÂME ET DE L'ESPRIT

L'affirmation de la chrétienté ne relève pas uniquement de faits institutionnels, mais bien autant de la profonde imprégnation de la civilisation par la culture chrétienne. A cet égard, les XIe-XIIIe siècles ont laissé des témoignages nettement plus abondants que les siècles précédents. Ils n'ont cessé d'intriguer historiens et amateurs, et le font d'autant plus que la perception des codes de cette culture s'estompe : édifices romans ou gothiques au décor devenu inintelligible, monuments de la pensée théologique à la démarche déconcertante, souvenir d'un pèlerinage aujourd'hui disparu... Ils n'en constituent pas moins le terreau dans lequel plongent encore les racines de l'Europe.

Les gestes de la foi

La présence quotidienne de l'Eglise auprès des populations passe en tout premier lieu par le maillage serré des paroisses. Sous-division du diocèse mieux adaptée au maintien d'un contact permanent avec les fidèles, sous la houlette de son desservant que l'on n'appelle pas encore partout le curé (celui qui a le soin, *cura* en latin, des âmes), elle accompagne toute implantation nouvelle d'habitat, cellule supplémentaire qui se juxtapose aux seigneuries et autres divisions. Le réseau paroissial, déjà largement constitué au moment de la christianisation de l'Occident, et complété aux temps carolingiens, voit son achèvement quasi total à l'heure de la croissance médiévale. A quelques réajustements près, les unités sont fixées pour des siècles, tant en ville qu'à la campagne où elles prêtent leurs frontières aux communes, notamment en France, après la Révolution. Leur existence est matérialisée par l'édifice de l'église à la construction de laquelle les fidèles n'ont sans doute pas participé de leurs mains, comme le veut une

légende tenace, mais sûrement de leurs deniers ! Ces
constructions jalonnent le paysage et leurs cloches
rythment le temps au fil des heures de la prière, avant
l'apparition des horloges.

En dépit de l'attraction qu'exercent sur eux les monastères, puis les couvents des ordres mendiants, la paroisse
demeure le premier lieu d'encadrement des fidèles. A la
suite des multiples assemblées diocésaines convoquées par
les évêques, l'un des grands conciles généraux tenu en
1215 au Latran à l'initiative du pape Innocent III le rap-
pelle. A cette occasion sont explicités les devoirs minima
que chacun doit y accomplir : se confesser et communier
au moins une fois l'an, lors de la fête de Pâques. C'est la
première fois qu'une réunion plénière des dignitaires de
l'Eglise légifère en ce domaine, signe manifeste de l'importance acquise par les préoccupations pastorales au niveau
le plus élevé du magistère. Et ces prescriptions sont promises à un riche avenir : elles signent encore au XXe siècle
la pratique occasionnelle de plus d'un chrétien. L'action
pastorale médiévale en est profondément marquée : les
prédications des messes dominicales et celles, plus exceptionnelles, délivrées notamment par les membres des
ordres mendiants au cours des périodes de l'année liturgique où les fidèles sont plus particulièrement invités à la
conversion intérieure, l'avent (quatre semaines avant Noël)
et le carême (quarante jours avant Pâques), tendent à les
préparer à la réception de ces deux principaux sacrements.
Avec le baptême, la confirmation, le mariage et la bénédiction des mourants, ils constituent les principaux gestes de
salut proposés par l'Eglise.

Mais, en dehors de la paroisse, passage obligé auxquels
ils semblent fort attachés, à suivre leurs testaments, les
fidèles disposaient d'espaces de liberté dont ils surent pleinement profiter. Le plus important fut, durant tout le
Moyen Age, la constante dévotion portée aux saints, par
l'intermédiaire de leurs ossements ou de tout objet entré à
leur contact, les reliques. Figures plus accessibles que les
personnes de la Trinité, surtout avant que la piété ne se
tourne vers un Christ « plus incarné » à partir du XIIe siècle, ils manifestent par leur vie, que transmettent des récits
familiers, le combat exemplaire pour la foi, la christianisation d'une région, la possibilité de l'accès au salut. Leurs
mérites leur ont acquis le pouvoir d'obtenir de Dieu des

grâces exceptionnelles qui rejaillissent sur leurs dévots : libération des prisonniers, guérison des malades, protection dans les dangers, autant de miracles obtenus au cours d'un pèlerinage au tombeau d'un saint ou qui furent l'occasion, en remerciement, de l'entreprendre. Ce geste connut alors une grande faveur auprès des fidèles. Accessible à tous, marqué d'un effort physique incontestable et des risques d'une rupture parfois longue avec le quotidien, il les conduisit vers des destinations proches dont attestent les innombrables pèlerinages locaux encore identifiables, voire beaucoup plus lointaines lorsqu'ils portent leurs pas vers Jérusalem, Rome ou Saint-Jacques-en-Galice. La route de Compostelle, l'une des plus célèbres, donna lieu à une organisation bien connue, grâce notamment au *Guide du pèlerin* rédigé au XIIe siècle, en Poitou, à l'intention de ceux qui s'y engageaient. Jalonnée d'hospices et de monastères aux saints patrons prestigieux, elle permettait au pieux voyageur de cumuler les pèlerinages, jusqu'au tombeau de l'apôtre promu par les Espagnols patron de la Reconquête.

A celles de la dévotion s'ajoutent les initiatives caritatives. Entre le XIe et le XIIIe siècle, elles poussèrent certains laïcs à doter l'Occident d'un réseau hospitalier à destination des pèlerins, des pauvres, des malades, des vieillards solitaires ou des femmes enceintes abandonnées. Les gestes de la charité que recommandent les « œuvres de miséricorde », citées par le Christ lui-même d'après l'évangile de saint Matthieu lors de l'évocation du Jugement Dernier, ne comportent-ils pas le soin des malades, à côté de l'accueil des voyageurs, des secours aux pauvres (vêtement et nourriture) et du rachat des prisonniers ? C'est ainsi que des fidèles soucieux de leur salut et désireux d'incarner leur foi dans des actes, se préocccupèrent de rassembler les fonds propres à l'édification de ces lieux d'accueil, situés dans les villes et sur des voies de passage, près d'un pont ou au sommet d'un col, puis de les gérer, groupés en confréries. D'autres, dans le cadre de petits ordres religieux hospitaliers dotés d'une règle propre, participèrent directement aux soins des malades, dont on estime maintenant qu'ils ne doivent pas être totalement dévalorisés, tout en leur prodiguant un réconfort spirituel.

Les consciences les plus exigeantes imaginèrent enfin des modes de vie originaux par lesquels elles tentèrent de concilier le statut laïc et celui des religieux. En Lombardie, à la fin du XIIᵉ siècle, des communautés d'Humiliés, mariés ou célibataires, vivaient pauvrement de leur travail dans le textile ou aux champs, en s'astreignant à davantage de jeûnes et de renoncements aux plaisirs du monde que l'Eglise n'en exigeait des simples fidèles ; de même, ceux qui choisirent d'épouser volontairement le statut que l'Eglise antique réservait aux pénitents. En ville, des femmes, les béguines, se rassemblèrent dans des béguinages, sous la direction spirituelle de l'une d'elles, s'adonnant à une vie de prière et de charité, mais sans être tenues par des vœux définitifs, une situation plus douce que celle des recluses qui se faisaient enfermer à vie dans une cellule d'où seule une fenestrelle leur permettait de vivre de dons et de rester en contact avec le monde. Ces initiatives ne rencontrèrent pas systématiquement la méfiance du magistère, du moment qu'elles pouvaient présenter de solides garanties d'orthodoxie ; mais, à la fin du XIIIᵉ siècle, la plupart de ces groupes furent érigés en ordres religieux, perdant ainsi leur spécificité.

Le juste combat, l'action caritative, divers degrés de renoncements, autant de voies ouvertes aux laïcs pour œuvrer à leur salut, signes d'une vie chrétienne plus intériorisée, et preuves de la réussite d'une transmission de la foi qui doit beaucoup aux canaux de la culture orale mais, de plus en plus, à ceux de la culture écrite.

Une foi en quête d'intelligence

Au début des temps féodaux, dans la foulée de la renaissance carolingienne et ottonienne, les principaux foyers de culture demeurent concentrés dans les monastères et les villes épiscopales. Voués à la prière, ayant délaissé le travail manuel qu'effectuent pour eux leurs tenanciers laïcs, les moines des plus grandes maisons, Saint-Gall, Cluny, Le Bec-Hellouin, en Normandie, ou le mont Cassin en Italie, mettent à profit leur maîtrise de l'écrit pour constituer les archives de leurs domaines et enrichir leurs bibliothèques de nouveaux manuscrits. Leurs écoles durent bien voir passer quelques enfants d'aristocrates qui retournèrent dans le siècle, mais l'inflexion donnée par saint Benoît d'Aniane tendit à les réserver à ceux qui se destinaient à la vie contemplative. Or, la culture n'a jamais été en soi une finalité pour le monde monastique. Certes, elle est indispensable au moine pour suivre la liturgie, chanter correctement au chœur et se consacrer à ce temps de lecture méditative (*lectio divina*) que la règle lui demande quotidiennement. Bien loin de la lecture cursive devenue familière, il s'agit d'une véritable rumination d'un court passage appris quasiment par cœur et dont le sens est approfondi à la lumière de tous ceux déjà connus par le moine, que l'on imagine déambulant le long des galeries du cloître. La démarche n'est donc pas celle d'un travail intellectuel, mais rejoint la contemplation tout en nourrissant les esprits des Écritures chrétiennes et des principales pages de leurs commentateurs. Les œuvres qui en sont issues, dont celle de Jean de Fécamp († 1078), se présentent comme de longues méditations, proches de prières, truffées de citations, signalées ou non, tant elles viennent spontanément sous la plume de leurs auteurs imprégnés des textes sacrés.

En ville, en revanche, des laïcs plus nombreux côtoient les futurs clercs dans l'école urbaine que dirige l'écolâtre, nommé par l'évêque à cette fonction. De brillants esprits firent le renom des écoles de Reims, Gerbert d'Aurillac, futur pape Sylvestre II († 1003), de Chartres, Fulbert († 1028) ou de Tours, Bérenger († 1088) poursuivi pour ses prises de position jugées hérétiques sur l'eucharistie. L'esprit spéculatif s'y épanouit davantage que dans les écoles monastiques, bien que ce soit un ancien abbé du Bec-Hellouin, saint Anselme († 1109), qui ait développé, dès la seconde moitié du XIe siècle, une œuvre où, par l'emploi de la logique et de la dialectique, il tente d'éclairer la foi par la raison. Le XIIe siècle marque, dans toute l'Europe, la floraison des écoles urbaines, en France, celles de Chartres, Laon, Orléans, Paris ou Montpellier, en Italie, celles de Bologne ou de Salerne, pour ne citer que les plus célèbres. Les étudiants se rendent de l'une à l'autre au gré de la réputation des maîtres. Cette communauté adonnée au travail intellectuel en vient à prendre conscience d'intérêts communs et à s'organiser pour secouer la tutelle épiscopale et gagner son autonomie, y compris à l'égard du pouvoir civil. L'entreprise, parfois marquée de heurts violents, à Paris notamment, aboutit à la création des universités, du terme latin *universitas* qui désigne alors toute forme d'association. Elles sont fondées à Paris, la plus réputée pour la théologie, Bologne, le droit, Montpellier, la médecine, Oxford, Coïmbra ou Salerne, avant 1200, et se multiplient dans toute l'Europe au cours du XIIIᵉ siècle, sous la protection de la papauté.

Les études universitaires sont organisées en quatre facultés dirigées chacune par un doyen. La faculté des Arts dispense les disciplines de base, les arts libéraux, début obligatoire de toute formation qui débouche sur l'obtention d'un baccalauréat ès-arts. Puis, les étudiants ont le choix entre la faculté de médecine, celle de droit où sont enseignés les deux droits civil et canon, ou, la plus prestigieuse, celle de théologie. Pour s'entraider, ils prennent l'habitude de se regrouper en nations, selon leur origine géographique (Picards, Anglais, Normands...) ; quelques favorisés peuvent bénéficier de l'accueil d'un collège dû à la générosité d'un mécène, où il trouve gîte et couvert : le plus célèbre est fondé en 1257 à Paris par Robert de Sorbon, qui lui lègue sa bibliothèque. L'enseignement repose essentiellement sur le travail des textes dont le maître éclaire les divers niveaux de sens, avant de construire une argumentation à propos des problèmes abordés et tenter de résoudre les contradictions éventuelles en des sentences : les plus estimées d'entre elles furent réunies en ouvrages à nouveau commentés par les générations suivantes, telles celles de l'Italien Pierre Lombard († 1160). Les maîtres, clercs séculiers qui tous n'accèdent pas forcément à la prêtrise, ont très vite, au cours du XIIIᵉ siècle, à rivaliser, non sans tension, avec leurs collègues issus des ordres mendiants qui se sont rapidement fait une spécialité de l'étude des textes sacrés.

Le renouvellement de la pensée connut des fortunes diverses selon les disciplines. La théologie s'éloigne de la perspective contemplative monastique, en faisant un usage sans cesse plus développé de la dialectique, notamment à la suite d'Abélard († 1142) qui, dans l'une de ses œuvres les plus célèbres, le *Sic et non* (*Ainsi et son contraire*, pourrait-on traduire), affronte les contradictions contenues dans les Ecritures. Les juristes, dont le plus éminent, le Bolonais Gratien († vers 1160), mirent également à profit ce mode de raisonnement. Mais le défi majeur lancé à la pensée chrétienne occidentale lui vint de l'introduction, par l'intermédiaire des traducteurs arabes d'Espagne, dès le XIᵉ siècle, d'œuvres jusqu'alors ignorées de savants de l'Antiquité grecque. C'est ainsi que la révélation progressive, du XIIᵉ au XIIIᵉ siècle, de la philosophie naturelle d'Aristote, puis de sa morale, nourrit de vifs débats : comment concilier avec la révélation chrétienne cette pensée qui lui est totalement étrangère ; faut-il oser l'utiliser ou doit-on purement la condamner ? La synthèse revint aux plus grands docteurs du XIIIᵉ siècle, passés maîtres dans le maniement de la démarche scolastique, tous deux dominicains, saint Albert le Grand († 1280) et saint Thomas d'Aquin († 1274) dont la *Somme théologique* encourut une condamnation partielle de la part d'une université de Paris beaucoup plus timorée. Inégalé en son temps, l'ouvrage de saint Thomas pousse à son extrême l'une des grandes ambitions intellectuelles du XIIIᵉ siècle, celle de récapituler tout le savoir contemporain en de vastes encyclopédies. Parfois intitulées *Miroirs du Monde*, elles traitent aussi bien de l'histoire de l'humanité depuis sa création, que de géographie ou de sciences naturelles. Ces dernières, ainsi que la médecine, se développent dans les régions méridionales au contact du savoir des Grecs et surtout des Arabes, et les débuts timides de la méthode expérimentale apparaissent, au XIIᵉ siècle, sous l'égide de l'école chartraine, ou dans l'œuvre du franciscain Roger Bacon († 1292). Mais il faut attendre encore bien des générations avant de voir la méthode scientifique acquérir une totale autonomie à l'égard des Écritures chrétiennes, évolution qui ne manque pas d'analogie avec celle de la création artistique.

Un art à la louange divine

Il ne saurait être question de présenter en si peu de mots la floraison artistique médiévale, tout au plus peut-on situer quelques lignes de force.

Bien que les témoignages de l'art des XIᵉ-XIIIᵉ siècles, dont les plus prestigieux, proviennent majoritairement du monde des clercs, ils ne doivent pas éclipser l'existence d'une création profane, moins développée, moins bien conservée, peut-être, mais dont la réalité se perçoit aisément à partir du XIIIᵉ siècle. Les bénéficiaires de la croissance, aristocrates et bourgeois nouvellement enrichis, manifestent un goût pour des demeures plus durables, en pierre, comme l'attestent quelques rares hôtels, pour des

objets quotidiens plus luxueux, pour un mobilier plus élaboré, sièges, coffres ou tentures qui viennent meubler les
châteaux. Pour leur part, les puissants commandent
d'imposantes réalisations d'architecture militaire (forteresses ou enceintes urbaines) ou civile (palais communaux,
halles aux draps). Mais il est incontestable que le mécénat
de l'Eglise fut, de loin, le plus actif en tous les domaines.
Elle fut à l'origine des plus vastes chantiers de construction, du renouveau de la statuaire et des arts décoratifs
(tympans sculptés des églises de Conques, Autun ou Véze-
lay, pour s'en tenir au domaine français ; bronziers et
mosaïstes en Italie), de grands cycles de peintures murales
(à l'époque romane Saint-Savin-sur-Gartempe, en France,
ou, plus tard, l'œuvre de Giotto en Italie) et d'innombrables retables (tableaux placés derrière l'autel), sans parler
de ses abondantes commandes d'orfèvrerie et d'ouvrages
enluminés pour les cérémonies liturgiques.

Pourtant, dans la tradition chrétienne, le recours aux
« artifices » de la création pour la célébration divine ne va
pas de soi. Le Dieu Tout Autre révélé par le Christ dans le
plus grand dénuement a-t-il besoin de s'encombrer de luxe
et d'images pour être manifesté aux hommes ? L'Ancien
Testament lui-même n'interdit-il pas la représentation de
Dieu, en des figurations trop faciles à assimiler aux idoles ?
Déjà disputée dans les premiers siècles du christianisme,
la question rejaillit durant la période médiévale, sous les
Carolingiens, à la faveur de la crise iconoclaste que traverse alors le monde byzantin, puis, au cours du XIIᵉ siècle,
dans la controverse qui opposa saint Bernard aux moines
clunisiens et à l'abbé de Saint-Denis, Suger, considéré
comme le père spirituel de l'art gothique.

Les tenants d'un art d'Eglise considèrent que rien n'est
trop beau pour célébrer la gloire de Dieu, au cours de cérémonies liturgiques qui ont pour fonction d'anticiper,
autant que l'homme puisse le faire ici-bas, les splendeurs
de la vie future. Le bâtiment ecclésial est alors conçu
comme une préfiguration de la Jérusalem céleste, la Cité
promise aux élus. Toutes les ressources humaines peuvent
contribuer à sa beauté qui est aussi source de sens : aucun
élément de l'architecture, du décor ni des objets liturgiques n'est gratuit. Déjà les grandes abbayes impériales
carolingiennes avaient tenté de mettre en œuvre un tel programme, qui fut repris par le monachisme bénédictin,

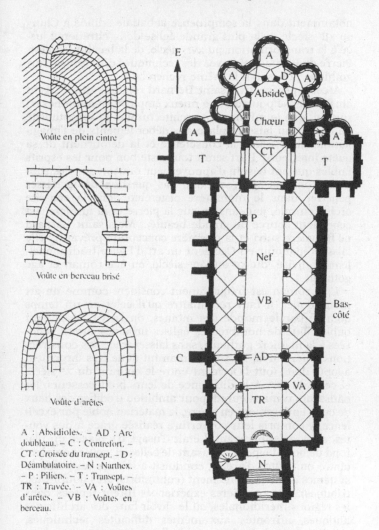

Voûte en plein cintre

Voûte en berceau brisé

Voûte d'arêtes

A : Absidioles. – AD : Arc
doubleau. – C : Contrefort. –
CT : Croisée du transept. – D :
Déambulatoire. – N : Narthex.
– P : Piliers. – T : Transept. –
TR : Travée. – VA : Voûtes
d'arêtes. – VB : Voûtes en
berceau.

L'art roman. Exemple de Saint-Savin-sur-Gartempe (Vienne).

notamment dans la somptueuse abbatiale édifiée à Cluny au XIIᵉ siècle — la plus grande église de la chrétienté jusqu'à la transformation, au XVIᵉ siècle, de la basilique Saint-Pierre de Rome. Puis, avec des techniques différentes, l'art gothique poursuivit la même recherche.

A cette perspective, saint Bernard réplique que l'argent ainsi dépensé pourrait être mieux employé en aumônes et, surtout, que le raffinement architectural et la somptuosité du décor, qui laissent place aux débordements de l'imagination, divertissent la conscience et la détournent de sa quête intérieure. L'art serait tout juste bon pour les esprits faibles qui ont besoin d'appuyer leur oraison sur des supports concrets ; il n'est donc pas question de le laisser pénétrer dans le monastère cistercien dont la réussite architecturale, jeu sans fin sur la pierre et la lumière, est cependant source de grande beauté... Mais saint Bernard ne fut guère suivi et la première conception prévalut : elle laissa s'épanouir en Occident un art d'Eglise traditionnellement divisé, du XIᵉ au XIIIᵉ siècle, en âge roman et âge gothique.

L'art roman est fréquemment considéré comme un art monastique ; il faut reconnaître qu'il éclot en un temps dominé par le monde des moines, on l'a vu. Mais c'est oublier que de nombreuses églises urbaines furent rénovées à la manière gothique, sans laisser trace des constructions antérieures. Le style roman fut donc très largement adopté dans tout l'Occident entre le courant du Xᵉ siècle et celui du XIIᵉ. A la différence de leurs prédécesseurs, les bâtisseurs romans eurent pour ambition d'édifier des lieux de culte entièrement en pierre, le matériau noble par excellence, y compris leur couverture réalisée grâce à des voûtes, alors qu'auparavant il était d'usage d'y placer un plafond de bois. Le poids écrasant de celles-ci, voûtes en plein cintre ou voûtes d'arêtes, conduisit à la mise au point de systèmes de contre-butement (contreforts, arcs doubleaux, tribunes). Les premières expériences furent tentées dans les régions méridionales, où le savoir-faire des architectes antiques, affrontés aux mêmes difficultés techniques, s'était perpétué. Le berceau de l'art roman se situe donc principalement en Italie du Nord (Lombardie), encore imprégnée de traditions byzantines, et en Catalogne, sous influence mozarabe (art des chrétiens hispaniques demeurés sous domination arabe). Puis, dès les premières décen-

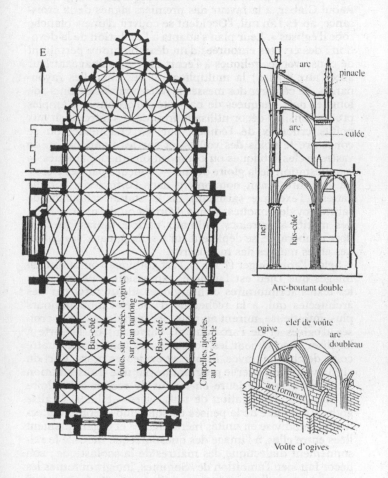

L'art gothique. Exemple de la cathédrale d'Amiens.

nies du XIᵉ siècle, les formules ainsi élaborées se diffusè-
rent plus au nord. Selon le chroniqueur bourguignon
Raoul Glaber, à la faveur des premiers signes de la croissance, après l'an mil, l'Occident se couvrit d'une « blanche
robe d'églises ». Leur plan s'adapta à l'évolution de la dévotion : des cryptes entourées d'un déambulatoire permirent
de conserver les reliques à l'écart tout en ménageant leur
accès aux fidèles ; la multiplication des chapelles rayon-
nantes, de célébrer des messes privées pour les défunts ; de
longues nefs flanquées de bas-côtés, d'ordonner d'amples
processions. Le décor utilisa la fresque et s'introduisit aux
points cruciaux de l'édifice, sur les chapiteaux où se
concentre le poids des voûtes, et sur les tympans, en de
vastes cycles bibliques ou compositions théophaniques —
manifestation de la gloire divine —, conçues par des clercs.
La statuaire renaît notamment dans l'orfèvrerie, comme
l'atteste l'exemple saisissant de la statue reliquaire de
sainte Foy de Conques. Venus d'Orient ou du monde celte,
des motifs à entrelacs, animaux parfois fantastiques ou
flore exubérante, se déploient sur les chapiteaux, les colon-
nes et les marges des manuscrits.

Selon l'abbé Suger († 1151), l'art gothique voulut dire en
images que Dieu est Lumière, expression courante dans
les textes scripturaires et liturgiques. Il fut servi par des
architectes qui, à la recherche d'une élévation toujours
plus ambitieuse, mirent au point les techniques de la croisée d'ogives et de l'arc-boutant. Parvenant de la sorte à
localiser précisément les poussées des voûtes aux quatre
coins de chaque travée, ils purent évider les murs. L'art du
vitrail vint compléter le programme par une transmutation
de la lumière extérieure en autant de scènes à la gloire
divine, pour l'édification de tous, clercs et laïcs. L'église
gothique est fille de la pensée de son temps : son architecture se subdivise en unités hiérarchisées et organiquement
liées entre elles, à l'image des questions que déroule le raisonnement dialectique des maîtres de la scolastique ; son
décor fait sien l'ambition des Sommes, intégrant toutes les
composantes d'une création qu'il convient de montrer
bonne, en réponse aux manichéens : n'est-ce pas le message du sourire de l'ange de Reims, d'autant mieux reçu en
période prospère ? Des sculptures, de plus en plus déga-
gées des murs, reproduisent à l'envi des feuilles de vigne
qui s'épanouissent sur les chapiteaux au fil des décennies,

des animaux, tels ces bœufs perchés au sommet des tours de Laon, le travail agricole des mois de l'année, les disciplines des arts libéraux, les vices et les vertus et, enfin, l'histoire du salut, de la Genèse au Jugement Dernier dont l'évocation supplante celle de la Majesté divine sur les tympans. Il faudrait aborder aussi les arts précieux de l'orfèvrerie et de l'ivoirerie, sans omettre l'enluminure qui, tous, connurent un grand développement stimulé par la demande privée d'objets profanes ou de dévotion.

Art de France, né en Ile-de-France dès la seconde moitié du XIIᵉ siècle, signe d'un royaume en plein renouveau, l'art gothique, qui perdura jusqu'à la fin du Moyen Age, pénétra au cœur de l'Europe et sur toutes les terres gagnées par l'expansion occidentale.

CHAPITRE X

L'EXPANSION DES ROYAUMES

L'expansion économique de l'Occident médiéval ne s'est pas accompagnée d'une extension territoriale de grande ampleur, comparable à celles que développent, au XIXᵉ siècle, les mondes slave ou nord-américain. En revanche, elle vit l'affirmation d'unités politiques derrière lesquelles se dessinent déjà les Etats modernes dont l'affrontement tisse l'histoire européenne.

L'expansion occidentale

Principalement dirigées vers l'est ou le sud, les entreprises de conquête servirent à la fois des ambitions personnelles et la progression de la chrétienté ; mais elles ne portent le nom de croisade qu'en cas de combat contre l'Infidèle.

L'est de l'Empire fut le théâtre d'un véritable front pionnier aux dépens des populations slaves. La poussée germanique, le *Drang nach Osten*, déjà importante au XIIᵉ siècle, se poursuivit tout au long du XIIIᵉ, marquée par la fondation de nombreux villages et de villes le long des côtes de la mer Baltique. Elle fut conduite par de grands féodaux et deux ordres religieux, les Porte-glaives absorbés par les Teutoniques en 1237, qui conquirent et christianisèrent la Livonie et la Prusse, où ils établirent un Etat quasi indépendant. Par sa victoire sur les Teutoniques près du lac Peïpous en 1242, le prince russe Alexandre Nevski porta un coup d'arrêt à leurs ambitions.

A l'autre extrémité de l'Europe, bien après leur stabilisation dans le royaume de Francie occidentale, les « Normands » continuent à se sentir attirés par des destinations lointaines. Le dynamisme démographique et économique du duché nourrit, au XIᵉ siècle, un fort courant d'émigration : des Normands s'engagent comme mercenaires dans les armées byzantines, d'autres suivent leur duc Guillaume à la conquête, réussie, de l'Angleterre (bataille de Hastings en 1066), d'autres enfin partent vers l'Italie du Sud. Jouant des rivalités entre Byzantins et Lombards, ils gagnent le soutien de la papauté, après une phase d'hostilité, et fondent un Etat qui inclut les terres italiennes au sud de Rome et la Sicile. Erigé en royaume sous Roger II en 1130, il voit se développer de brillants foyers de civilisation (Salerne, Palerme), sous la triple influence latine, grecque et musulmane.

Simultanément, la péninsule ibérique connaît la progression régulière des armées chrétiennes vers le sud et le repli du monde arabe dans le royaume de Grenade. Renforcées de chevaliers venus du nord des Pyrénées et soutenues par l'Eglise par le truchement du culte de saint Jacques Matamore (tueur de Maures) à travers le pèlerinage galicien, et par des ordres militaires, elles gagnent la vallée du Douro à la fin du XIe siècle, puis celle du Tage au début du XIIIe. La victoire de Las Navas de Tolosa en 1212 leur ouvre les portes de l'Andalousie. Trois unités politiques sortent renforcées de l'entreprise : les royaumes de Castille, d'Aragon et de Navarre. Repeuplées sous un régime de « libertés », les *fueros*, les terres conquises comptent d'importantes minorités juives ou musulmanes : à leur égard, la société espagnole oscille entre l'assimilation ou le rejet, qui finit par l'emporter. L'Occident a vécu là sa première « croisade ».

Les croisades

Rappel de l'emblème chrétien porté par les croisés sur leur vêtement, le terme de « croisade » n'a pas été utilisé d'emblée pour désigner les huit expéditions qui, de 1095 à 1270, conduisirent les Occidentaux au Proche-Orient. Il faut attendre le milieu du XIIIe siècle ; jusque-là, il était question du « voyage » ou « passage » vers Jérusalem. Ce point de vocabulaire n'est nullement secondaire ; il met au contraire sur la voie de la compréhension d'un phénomène difficilement concevable en dehors du contexte religieux de l'Occident médiéval.

Ce que nous appelons la croisade fut en effet vécu par les contemporains dans le prolongement de ce geste de dévotion si prisé qu'est le pèlerinage. Or, la destination des croisés n'est-elle pas la plus prestigieuse pour un chrétien ? Omniprésente dans les invocations liturgiques, Jérusalem est aux origines bibliques du christianisme, en son cœur, centre de la vie terrestre du Christ, lieu de sa mort et de sa résurrection, en son terme, figure de la Cité promise à la fin des temps. Bien que sa visite ne soit pas une obligation pour le croyant, à la différence de celle de La Mecque pour le musulman, elle dut nourrir plus d'un rêve, surtout en un temps où la piété s'attache davantage à l'humanité du Christ. Seul, ce puissant ressort peut rendre compte de la mise en marche, à l'appel des prédicateurs, de troupes composées aussi bien de guerriers que de simples fidèles désarmés, hommes et femmes, parfois très jeunes. Expliquer leur départ par des considérations d'ordre démographique est insuffisant, d'autant que beaucoup ne souhaitaient pas aller s'établir en Terre sainte, y mourir peut-être — une chance pour leur salut —, mais aussi en revenir, comme de tout pèlerinage. Ce fut un changement dans le pouvoir musulman, passé, au cours de la seconde moitié du XIe siècle, entre les mains des Turcs Seldjoukides, qui déclencha ces expéditions. Ces nouveaux maîtres, s'ils n'inquiétèrent pas vraiment les chrétiens d'Orient, ni les pèlerins, mirent à mal l'Empire byzantin défait aux confins de l'Asie Mineure à Mantzikert en 1071. De tels bouleversements contribuèrent à alimenter en Occident des rumeurs sur le comportement hostile des Infidèles envers les chrétiens et les lieux saints. C'est dans de telles circonstances que le pape Urbain II, en 1095, à Clermont, en Auvergne, vint apporter une réponse inattendue aux demandes d'aide lancées par Byzance : au lieu d'envoyer des mercenaires, tels les Normands très appréciés par les Byzantins depuis le début du XIe siècle, il déclencha la première croisade...

Le succès de l'expédition qui déboucha sur la prise de Jérusalem en 1099, au terme d'un sac dont toutes les sources attestent la violence, puis l'implantation de princes chrétiens au Proche-Orient, provoquèrent la constitution des Etats latins. Au nombre de quatre, d'une durée de vie assez brève, la principauté d'Antioche (1098-1268), le comté d'Edesse (1098-1144), le comté de Tripoli (1102-1289) et le royaume de Jérusalem (1099-1244, et autour d'Acre jusqu'en 1291), ils abritèrent une société originale. Les Occidentaux implantèrent des structures féodales calquées sur celles de leurs royaumes d'origine ; la population de vieille souche, Juifs, chrétiens des confessions orientales ou musulmans — ces derniers soumis à de plus lourdes redevances fiscales —, habituée aux changements de domination, se plia à ces nouveaux maîtres. Deux ordres religieux, à la vocation d'abord hospitalière — l'accueil des pèlerins — devenue militaire, les Hospitaliers et les Templiers, y jouèrent un rôle capital, assombri par leurs rivalités internes, à l'image de celles qui divisaient les féodaux. Aussi, peu densément peuplés par de nouveaux occupants éloignés de leurs points de rattachement, en Occident, les Etats latins s'avérèrent vite difficiles à tenir, en dépit de leur réseau de forteresses, tel le célèbre Krak des chevaliers. Avec des fortunes diverses, qui vont en décroissant, les expéditions ultérieures visèrent avant tout à leur défense face à la contre-offensive de l'Islam.

L'une d'elles cependant fait exception, la quatrième croisade, détournée vers Constantinople, signe de l'incompréhension croissante entre les Grecs et les Latins, les premiers habitués à pactiser avec l'Islam, les seconds ne voyant en lui qu'un ennemi à abattre. Les trésors profanes et religieux de la capitale byzantine sont pillés par les guerriers latins, en 1204, aussi violemment que l'avaient été ceux de Jérusalem : le scandale ainsi provoqué vient sceller, plus que tous les différends précédents, la coupure des deux mondes chrétiens (schisme — coupure en grec — de 1054). Sur les dépouilles de l'Empire byzantin, réfugié en Asie mineure, les Occidentaux fondent l'Empire latin de Constantinople, qui vient s'ajouter au royaume de Chypre précédemment conquis par Richard Cœur de Lion sur Byzance (1191) ; Gênes et Venise s'y taillent chacune un véritable empire commercial.

Au total, les croisades eurent des effets fort ambivalents. Les manifestations de violence dont elles furent marquées laissèrent des stigmates durables entre chrétiens, et entre chrétiens et musulmans. Mais il n'est pas moins vrai qu'elles suscitèrent également des échanges culturels et commerciaux, plus intenses sans doute qu'auparavant, ne serait-ce que pour l'acheminement des croisés et leur approvisionnement. En outre, depuis le Proche-Orient, les Occidentaux accédèrent directement aux mondes encore plus lointains de l'Extrême-Orient et de l'Inde. Mais marchands, missionnaires ou savants avaient-ils vraiment besoin d'être précédés de troupes armées pour se lancer dans leurs découvertes ? Ni Marco Polo, ni le franciscain Jean de Plan Carpin († vers 1251), ni Guillaume de

Rubrouck († après 1293), tous deux envoyés évangéliser les Mongols, ne partirent dans les fourgons des croisés...

La croisade manifesta brutalement l'inversion du rapport de force entre l'Orient et l'Occident, amorcée au tournant du millénaire. Mais, menée par des princes isolés, l'aventure militaire extérieure ne tenta guère les souverains occidentaux, à l'exception de Saint Louis, surtout préoccupés de raffermir leur puissance intérieure.

La féodalisation de l'Empire

En restaurant l'Empire en 962, Otton Ier se place dans la continuité carolingienne. Est-ce à dire que le titre impérial doit se concevoir comme la dignité politique prééminente en Occident et l'empereur, à la tête des souverains, leur supérieur ? Si certaines fortes personnalités furent tentées par ces vues — Henri VI († 1197) ou Frédéric II († 1250) —, les empereurs durent le plus fréquemment se rendre à l'évidence : leur influence ne s'étendait vraiment que sur trois royaumes hérités des temps carolingiens, la Germanie, l'Italie et la Bourgogne, et encore ce dernier acquit-il de fait une rapide autonomie. L'histoire de l'unité politique que l'on désigne du terme d'Empire se résume donc, entre le XIe et le XIIIe siècle, en une oscillation entre son pôle septentrional et son pôle méridional. Selon leurs affinités, leurs vues politiques et les circonstances, les empereurs favorisèrent tantôt le monde germanique, tel Frédéric Ier Barberousse qui dut lutter en Italie contre l'affirmation des communes unies dans la Ligue lombarde, tantôt le monde italien, tel Frédéric II qui avait, en outre, hérité du royaume normand de Sicile par sa mère.

Cet arbitrage se compliqua des tensions issues du maintien d'un processus électif pour l'accès au titre de roi de Germanie, puis, avec l'accord du pape, à la dignité impériale, malgré les tentatives de transmission héréditaire de plusieurs familles (Saxe, Saliens, Staufen), qui n'aboutirent jamais à la fondation d'une dynastie. En conséquence, l'empereur demeura dans un état de profonde dépendance à l'égard des grands, dont les princes ecclésiastiques. C'est pourquoi la dépossession de son droit d'investiture aux bénéfices ecclésiastiques préconisée par les grégoriens se heurta à une si violente opposition de la part du pouvoir impérial, qui dut s'incliner. Or, ce dernier était tout autant lié aux maîtres des principautés laïques, grands féodaux dont il ne parvint pas à contenir les ambitions. Malgré les efforts menés en ce sens par Frédéric Barberousse, qu'illustrent ses démêlés avec le duc de Saxe et de Bavière, Henri le Lion, l'évolution joua en leur faveur : ils obtinrent de Frédéric II, dès 1220 pour les princes ecclésiastiques, puis par le statut de 1231-1232 pour les princes laïcs, d'importantes concessions en matière de droits régaliens, notamment militaires et judiciaires. Cependant, la faiblesse du pouvoir impérial ne tient pas uniquement à son mode de désignation ; elle réside aussi dans un manque cruel de moyens d'action. Le prince est entouré d'une cour embryonnaire, ne dispose pas d'une capitale fixe et ne peut s'appuyer sur aucun domaine royal, hormis son propre patrimoine familial. Or, il faut attendre l'arrivée au pouvoir des Habsbourgs, avec Rodolphe Ier, en 1273, pour que les biens du souverain puissent soutenir la comparaison avec ceux des princes territoriaux.

Pour les seconder dans les tâches administratives, les empereurs font appel à des familiers d'origine servile, qu'ils arment chevaliers : ces ministériaux constituent un groupe social propre à l'Empire, au statut original, difficile à cerner, puisqu'ils sont à la fois nobles, par accès à la chevalerie, bien que situés au dernier degré d'une noblesse allemande très hiérarchisée, mais peuvent demeurer non-libres. Ces hommes, qui connurent une rapide ascension sociale au cours du XIIIe siècle, ne se trouvent pas exclusivement au service de l'empereur, mais gagnent également celui des princes ecclésiastiques ou laïcs, ainsi que celui des pouvoirs urbains. Leur destin est exemplaire de ce qu'est devenue la réalité impériale au milieu du XIIIe siècle : un titre dont le prestige demeure grand, jusque dans les consciences populaires, nourries de la légende de Charlemagne ; un territoire morcelé à l'extrême, tant en Germanie qu'en Italie, entre principautés de taille variable et républiques urbaines.

Il en va tout autrement à l'ouest de l'ancien monde carolingien...

Les royaumes de France et d'Angleterre, frères ennemis

Au moment où les grands de Francie occidentale portent au pouvoir Hugues Capet (987), le royaume est divisé en principautés dont les maîtres doivent faire face à l'autonomie croissante des sires. Le roi lui-même connaît une situation identique sur ses propres terres, le domaine royal, étroite bande qui s'étire du Valois à l'Orléanais, qu'il ne faut pas confondre avec le royaume. Mais l'assise de la puissance royale ne doit pas se mesurer exclusivement à cette aune. Le titre porté par le souverain lui confère un capital de prestige considérable, sanctionné par le sacre. L'onction donnée en cette occasion par l'Eglise, au cours d'une cérémonie qui se déroule à Reims en souvenir du baptême de Clovis, place celui qui la reçoit dans la lignée des deux dynasties qui ont régné avant lui, et lui confère une qualité dont aucun autre prince, si puissant soit-il, ne peut se prévaloir. L'« oint du Seigneur » acquiert même la faculté thaumaturgique de guérir une maladie ganglionnaire d'origine tuberculeuse, les écrouelles, un signe de bénédiction divine qui le rapproche du monde des saints. Conscients que le sacre fait le roi autant que l'élection des grands, les princes capétiens prennent soin, avec leur accord, de le conférer à leurs fils de leur vivant. Le principe dynastique s'instaure ainsi progressivement ; il ne devient pleinement accepté que sous le règne de Philippe Auguste qui, le premier, ne jugea pas nécessaire d'associer son fils au pouvoir.

Forts de cette légitimité et de l'utilisation habile des moyens que leur procurent leur domaine ainsi que le maintien de quelques zones d'influence qui lui sont extérieures, notamment la nomination à des charges abbatiales et épiscopales disséminées dans le royaume, les Capétiens parviennent, au terme des deux siècles qui suivent l'an mil, à construire autour de la personne du roi une véritable pyramide féodale. Le règne de Philippe Auguste (1180-1223) marque l'apogée de ce mode de gouvernement, dans lequel le roi se pose en arbitre de tous les seigneurs du royaume : il exige l'hommage-lige de chaque détenteur de fief, tranche en appel, à sa cour, les litiges entre féodaux et intervient dans la succession aux grands fiefs, notamment ceux de Flandre, Champagne et Bretagne. Il regagne ainsi les prérogatives publiques usurpées. Au siècle précédent, le domaine de son puissant voisin Plantagenêt, autre souverain « sacré », illustrait déjà la renaissance — tant pratique que théorique — de la notion de « chose publique ». En attestent le développement d'une solide administration financière et judiciaire, ou le maintien d'un contrôle royal sur les deux sources principales de la puissance nobiliaire : la construction des forteresses et les alliances matrimoniales.

La redécouverte du droit romain par les écoles (celle d'Orléans s'en fait une spécialité) permit au mouvement de franchir une étape supplémentaire et de formuler l'extension du pouvoir royal sur tous les habitants du royaume, par-delà les prérogatives féodales : de suzerain, à la tête de sa féodalité, le roi devient souverain, à la tête de ses sujets. En France, il appartient à Saint Louis et à ses successeurs de donner réalité au principe, notamment en luttant contre les guerres privées et en développant la justice royale, auprès de laquelle il est désormais acquis que tout homme du royaume peut venir faire appel des décisions des tribunaux seigneuriaux. L'image d'Epinal du pieux roi rendant la justice à tous sous son chêne à Vincennes n'est pas purement mythique ! Et mieux encore, le souverain gouverne en toute indépendance vis-à-vis du pouvoir impérial, selon l'adage : « Le roi est empereur en son royaume. »

Les moyens d'action du souverain s'accrurent à la mesure de la reprise en main de ses prérogatives. Comme tout prince féodal, le roi de France ou d'Angleterre était entouré du conseil de ses barons, la cour, dans laquelle, à leurs côtés, par volonté royale, furent introduits des personnages reconnus pour leur compétence ou leur sagesse, clercs et bourgeois, souvent en butte au mépris des nobles. Les attributions de la cour royale devinrent telles qu'elle dut se subdiviser en sessions spécialisées en matière de finances, l'Echiquier en Angleterre, puis l'Hôtel du roi en France, ou de justice, chambres à l'origine du Parlement, dont le rôle diverge d'une monarchie à l'autre. En effet, le Parlement français demeura une institution exclusivement judiciaire, tandis que son homologue anglais, à la suite de plusieurs révoltes des barons, parvint à acquérir des fonctions politiques et financières : à partir de 1258 (Provisions d'Oxford), il est régulièrement consulté par le roi et ses membres participent au gouvernement.

Les deux royaumes présentent également des différences dans leur administration locale, reflet de ce qui sépare les deux domaines royaux : celui des Capétiens n'est guère étendu jusqu'à la fin du XIIᵉ siècle, alors que les souverains anglo-normands ont conservé la maîtrise d'une surface beaucoup plus considérable (par exemple en forêts), comme l'atteste, pour l'Angleterre, dès la fin du XIe siècle, l'enquête menée à la demande de Guillaume le Conquérant et consignée dans le *Domesday Book*. C'est ainsi que le pouvoir des princes Plantagenêts est relayé par des représentants locaux, les *sheriffs* placés à la tête des comtés, une institution héritée de l'époque saxonne. Sous contrôle royal, ceux-ci maintiennent l'ordre, rendent la justice royale, lèvent taxes et contingents armés. En revanche, les agents des Capétiens furent, dans un premier temps, essentiellement des serviteurs domaniaux, à l'instar des ministériaux de tout seigneur banal : nommés prévôts, ils sont propriétaires de leur charge. Il appartint de nouveau à Philippe Auguste d'introduire des modifications dans cette organisation : à la veille de son départ pour la troisième croisade, en un texte nommé à tort son *Testament*, le roi se préoccupe de faire contrôler la gestion des prévôts par des enquêteurs temporaires, gagés par ses soins et révocables, les baillis. Ces derniers, au cours du XIIIe siècle, sont mis à la tête de circonscriptions fixes, les bailliages, à l'intérieur desquelles ils jugent en appel, perçoivent les recettes royales, lèvent l'armée et transmettent les ordres du souverain. Leur création se justifie par l'extension considérable que connaît alors le domaine royal.

Les Capétiens comprirent qu'un domaine royal étendu et bien géré était l'une des conditions majeures de leur puissance : ils n'avaient, pour s'en convaincre, qu'à observer les situations, à cet égard opposées, de leurs voisins, l'empereur ou les princes anglo-normands. Pendant plus d'un siècle, ces derniers maintinrent une pression constante aux portes du domaine royal. Le jeu des successions et des unions matrimoniales leur permit en effet d'édifier une vaste unité territoriale, établie de part et d'autre de la Manche. L'héritage des souverains normands, le duché et le royaume d'Angleterre, fut uni au Maine, à l'Anjou et à la Touraine par le mariage de la petite-fille de Guillaume le Conquérant, Mathilde, avec Geoffroy Plantagenêt ; leur fils Henri II y ajouta le puissant duché d'Aquitaine, en épousant Aliénor : de la sorte, il rassembla sous son autorité la moitié occidentale du royaume de Francie occidentale. Mais, à l'exception de l'Angleterre, la majorité de ces terres demeuraient tenues en fief du roi capétien. Il en allait ainsi depuis la cession du duché de Normandie dont le tenant, fût-il roi ailleurs, devait prêter hommage au maître de la Francie occidentale, un hommage dit « en marche », à la frontière des deux principautés, pour ménager la susceptibilité de chacune des parties. Or, les circonstances permirent au Capétien de tirer parti du statut féodal des possessions continentales de son encombrant voisin. Henri II Plantagenêt vit la fin de son long règne (1152-1189) troublée par les luttes qui l'opposèrent à ses fils ; après sa mort, elles se prolongèrent entre les frères, au point de lasser leurs vassaux français. Philippe Auguste sut en jouer au mieux. Sous prétexte de régler un différend entre Jean sans Terre et l'un de ses vassaux poitevins, Hugues de Lusignan, il profita du refus du roi d'Angleterre de comparaître devant la cour capétienne pour prononcer, au nom du droit féodal, la confiscation de ses fiefs, la Normandie, le Maine, l'Anjou et la Touraine. Pour rendre la sanction effective, il pouvait compter sur ses forces neuves et des appuis en nombre ; l'entreprise fut couronnée par la victoire qu'il remporta à Bouvines en 1214 sur le souverain anglais et l'empereur coalisés. Les fiefs plantagenêts vinrent grossir le domaine royal et la fortune des Capétiens.

La pénétration capétienne vers le sud se poursuivit à la faveur de la lutte armée menée contre les hérétiques albigeois. La « croisade » des barons du Nord, lancée en 1209 avec le consentement royal à défaut de sa participation directe, aboutit à l'annexion d'une partie du Languedoc, divisée entre les sénéchaussées (équivalent méridional des bailliages) de Beaucaire et de Carcassonne. Le comté de Toulouse échut à la couronne à la suite du mariage stérile de la fille héritière des comtes avec le frère de Saint Louis, Alphonse de Poitiers. Enfin, au terme de divers affrontements avec le roi d'Angleterre, qui n'avait pas accepté sans réaction sa dépossession continentale, des accords entérinèrent la domination capétienne sur l'Ouest et le Poitou, ainsi que celle de l'Anglais sur la Guyenne, la Gascogne, le Limousin, le Quercy et le Périgord. Or, cette persistance de « fiefs anglais », notamment la Guyenne, au sein du royaume de France fut à l'origine de la guerre de Cent Ans.

MOYEN AGE TARDIF

CHAPITRE XI

CRISES ET RECONSTRUCTION

Les derniers siècles du Moyen Age sont marqués par un reflux du formidable élan de croissance enregistré par l'Occident depuis la fin du Xe siècle, auquel viennent se mêler de violentes crises démographiques ainsi que les troubles consécutifs au long conflit qui oppose les rois de France et d'Angleterre entre le milieu du XIVe siècle et celui du XVe. Une atmosphère sombre, qui contraste avec l'éclat des temps précédents et suivants, s'attache donc à cette époque qualifiée par l'historien néerlandais Johan Huizinga, en titre d'un bel ouvrage publié en 1919, d'*Automne du Moyen Age*, comme si la Renaissance ne pouvait naître que de la mort du monde qui l'a précédée. Les travaux menés depuis lors ont conduit à reconsidérer cette interprétation. Sans nier pour autant la réalité des difficultés que connut la fin du Moyen Age, il apparaît désormais que celles-ci ne sont plus à concevoir en termes négatifs de « mort » mais en signes de mutations profondes qui annoncent déjà par plus d'un trait les caractères du XVIe siècle. Le titre à cet égard évocateur de l'ouvrage de synthèse que M. Mollat leur a consacré en 1970, *La Genèse médiévale du monde moderne*, vient ainsi en écho, cinquante ans plus tard, à celui de J. Huizingua, pour mettre en relief la singularité de temps qui ne relèvent déjà plus totalement du monde féodal, mais pas encore de celui des monarchies absolues.

La conjonction des fléaux

Que ce soit dès la seconde moitié du XIIIe siècle ou un peu plus tard, au premier quart du XIVe, de part et d'autre de l'Occident, force est de constater que la tonalité générale change : l'atmosphère n'est plus à l'expansion ; au contraire, un concours de facteurs négatifs succède progressivement à la convergence d'éléments positifs qui, trois siècles auparavant, avait amené la croissance.

Dans les campagnes, les défrichements ont cessé ou ne peuvent plus s'en prendre qu'à des terres jusqu'alors délaissées en raison de leur mauvaise qualité, qui s'avèrent donc de faible rapport. Les exploitations sont morcelées entre des héritiers trop nombreux : chacun ne parvient qu'à grand-peine à nourrir sa propre famille sur des parcelles divisées à l'infini. Voilà qui n'incite guère aux mariages précoces ni à la multiplication des enfants ! C'est ainsi qu'un comportement de réduction des naissances, malthusien dira-t-on, se laisse deviner dans le monde rural tout comme dans celui des villes. Mais avant que les effets ne s'en fassent sentir, il y eut une grave phase d'adaptation au cours de laquelle l'augmentation des ressources devint insuffisante face à celle de la population. Elle doit être imputée à l'accumulation d'obstacles économiques, sociaux, voire mentaux et non à une quelconque incapacité technologique du monde médiéval puisque l'époque précédente a prouvé que, lorsque les conditions le permettent, l'innovation technique a su soutenir la croissance.

L'une des conséquences majeures de ce resserrement de la conjoncture fut la réapparition du spectre de la famine qui avait déserté les campagnes occidentales aux siècles antérieurs. Si l'on passe sur des disettes locales de faible ampleur, la première manifestation d'une véritable famine se situe entre 1315 et 1317 dans l'Europe du Nord-Ouest. Les grains vinrent à manquer à la suite d'une année (1314) de très mauvais temps, signe de la fragilité d'une agriculture devenue plus vulnérable qu'auparavant au moindre accident météorologique. Les villes flamandes furent durement touchées : Ypres perdit en six mois près de 10 % de sa population. Le sud de l'Europe ne connut pas d'événement comparable avant les années 1330-1340. Mais en dépit du décalage chronologique, il est clair que, nulle part, le temps n'est à l'euphorie...

Et comme un fléau ne vient jamais seul, la réapparition de la famine fut rapidement suivie de celle de la peste. Inconnue en Occident depuis le VIe siècle, elle arriva d'Orient par l'intermédiaire des échanges commerciaux. Des vaisseaux génois contaminent Messine en 1347, d'autres navires, Marseille au début de 1348, d'où, sous l'effet amplificateur des mois chauds, l'épidémie gagne dans l'été Paris, puis le monde flamand avant de ravager l'année suivante l'Angleterre et les pays germaniques, sans épargner la péninsule ibérique. Ses effets sont foudroyants : peste bubonique à complications pulmonaires, dont les symptômes sont facilement identifiables d'après les descriptions des chroniques de l'époque, elle emporte près du tiers de la population florentine, par exemple. Passé l'onde de choc de 1348-1349, qui s'étend à la totalité de l'Occident, elle continue à se manifester par flambées sporadiques tous les dix ou vingt ans, en diverses régions, accompagnée d'autres maladies contagieuses, typhus ou choléra, qui sont alors toutes désignées sous le même nom de peste.

Une telle conjonction de « mortalités », comme on disait alors, ne fut pas sans éprouver profondément la population. Non que celle-ci fasse alors la découverte de la mort brutale, présente en maintes occasions, guerres, accidents, incendies, naufrages..., mais elle se trouve alors confrontée à une telle accumulation de cadavres, qui plus est contagieux, qu'il devient impossible de leur donner à chacun la sépulture décente attendue pour le repos de l'âme. Les autorités urbaines sont obligées de faire creuser à la hâte des fosses communes où s'entassent pêle-mêle les corps des défunts recouverts d'une mince couche de chaux, un des rares moyens de protection efficaces. Les autres tentatives de soins ou d'isolement des malades paraissent bien dérisoires face à la rapidité de la contamination, notamment en milieu urbain, peu salubre, où les ordures amoncelées dans les caniveaux attirent les rats, principaux véhicules de l'épidémie. Les citadins les plus fortunés prennent alors rapidement la fuite et partent attendre des jours meilleurs dans leurs propriétés de campagne où, à croire la fiction littéraire sur laquelle s'ouvre le *Décaméron* de Boccace, les plus talentueux tuent le temps en inventant des contes. Mais, plus gravement, en désertant de la sorte leurs responsabilités dans la cité, les élites augmentent encore le désarroi des plus humbles.

La lecture religieuse de l'histoire à laquelle les populations sont habituées par l'enseignement de l'Eglise, leur fait interpréter la venue du fléau comme un signe du ciel. En retour, prières et processions se multiplient pour tenter de fléchir le courroux divin, quand ce n'est pas l'offrande de cierges de la longueur des murailles d'enceinte d'une cité afin d'ériger autour d'elle une barrière protectrice. Mais les appels à la conversion que lancent les mouvements de dévotion des Flagellants (déjà connus en 1260, ils se manifestent à nouveau en 1349), qui se frappent publiquement de lanières hérissées de pointes métalliques en mémoire de la Passion du Christ et en signe de repentir, ne suffisent pas à apaiser leurs contemporains. Non contents de tenter de parer par tous les moyens possibles au mal, ils vont déverser leur colère sur ceux auxquels ils en attribuent la responsabilité, les Juifs, seule minorité non chrétienne présente au sein de la société, en dépit des divers décrets d'expulsion pris contre eux par les souverains, jamais appliqués radicalement. Déjà victimes de persécutions localisées lors du lancement des premières croisades, auxquelles, il faut le souligner, les clercs, et parmi eux saint Bernard dans la vallée du Rhin, avaient tenté de mettre fin, ils sont à nouveau violemment molestés, à partir du milieu du XIVe siècle, spécialement en terre d'Empire et en Espagne. Les accusations les plus fantaisistes fleurissent à leur sujet : ils auraient empoisonné les puits et se livreraient, de nuit, dans le secret, à des profanations d'hostie et, pire encore, à des meurtres rituels d'enfants. Or, ces rumeurs vont rester solidement ancrées, même après que l'épidémie s'estompe... Le poète et musicien champenois Guillaume de Machaut († 1377) s'en fait l'écho dans le prologue du *Jugement du roi de Navarre*, par ailleurs œuvre de casuistique amoureuse. La description des terribles années 1348-1349 sur laquelle elle s'ouvre, et dont la teneur est corroborée par de nombreuses chroniques, évoque que les Juifs :

> « ... rivières et fontaines
> Qui étaient claires et sereines
> En plusieurs lieux empoisonnèrent. » (v. 219-221)

Expliquée de la sorte, la mort de nombreux chrétiens appela en retour la vengeance implacable de leurs frères :

> « Car tous les Juifs furent détruits
> Les uns pendus, les autres cuits
> L'autre noyé, l'autre eut coupée
> La tête de hache ou d'épée. » (v. 235-238).

La conjonction des fléaux qui se sont abattus sur l'Occident dans la première moitié du XIVe siècle serait-elle le fruit du hasard ou ne trouverait-elle pas son origine dans

une même cause ? Les historiens demeurent partagés sur
la réponse à apporter à cette question. Certains d'entre eux
distinguent les effets qui proviennent d'un affaissement
durable de la situation économique de ceux, plus conjonc-
turels, qui résultent des crises aiguës que connaissent chacune de son côté la production agricole, la démographie
ou même l'activité financière, à la suite d'un manque
patent de métaux précieux, or et argent, qui déséquilibre
le cours des monnaies. D'autres estiment que les difficultés
sont nées de la distorsion qui s'est progressivement instau-
rée entre la croissance continue de la population et celle
des ressources : tous les maux seraient donc imputables
au surpeuplement. Les recherches les plus récentes, pour
leur part, mettent en évidence le danger de considérer
l'ensemble de l'Occident comme un monde homogène et
insistent sur les innombrables variations locales ; quel-
ques-unes parlent plus volontiers de malheurs que de crises. En tout état de cause, elles attirent l'attention sur la
nécessité de nuancer fortement les appréciations et introduisent des différences notoires entre les régions qui ont
connu une féodalisation plus partielle ou tardive, et les
« vieux pays féodaux » d'entre Loire et Rhin. La crise ne
peut donc être tenue, en fin de compte, comme l'a dit l'his-
toriographie marxiste, pour une simple « crise du féoda-
lisme ».

Une société en recomposition

Les structures de la production et celles de la société
sortirent profondément transformées de cette période de
difficultés. Des modifications déjà amorcées au siècle précédent sont accélérées, alors que d'autres innovations viennent apporter une réponse directe aux conditions nouvelles.

Le monde des campagnes qui vivait depuis plusieurs siècles sous le régime de la seigneurie connut sans doute les
mutations les plus profondes. Négligées faute de bras suffisamment nombreux pour les travailler régulièrement,
dévastées par les troupes en temps de guerre, parfois
désertées par une population qui cherche refuge à l'intérieur des murailles urbaines, les terres ne rapportent plus
à leurs possesseurs les mêmes revenus qu'auparavant. Les
comptabilités qui nous sont parvenues — et n'est-ce pas

un signe qu'elles soient alors si soigneusement tenues ? —,
pour les domaines tant laïcs qu'ecclésiastiques, révèlent
cet effondrement des fortunes foncières qui persiste tout
au long du XIV⁰ siècle. Pour tenter de préserver leur niveau
de vie, les maîtres du sol vont se crisper sur leurs droits
coutumiers dont ils accentuent le poids sur le monde rural.
Cette « réaction seigneuriale » porte d'abord sur les droits
de justice, qui s'avèrent de fait plus prestigieux que lucra-
tifs, surtout si l'on tient compte des frais que suppose la
tenue d'une cour de justice, dont il faut défrayer le personnel, en un temps où se développe sans cesse davantage la
concurrence de la justice royale. Les droits sur les personnes seraient-ils de meilleur rapport ? Les seigneurs l'esti-
mèrent ainsi, qui s'efforcèrent de raviver le servage pour
stabiliser la main-d'œuvre, réintroduisirent les corvées et
augmentèrent les redevances et taxes casuelles. Mais le
mouvement se heurta à une résistance opiniâtre qui finit
par faire échouer cette tentative de rénovation du servage.
Il eut pour résultat d'alimenter une violente opposition au
monde seigneurial, accusé de faire preuve d'avidité et
d'entretenir la guerre à son seul profit, par la recherche du
butin ou, plus tard, de la solde royale prise sur l'impôt payé
par les paysans. Des mouvements de révolte éclatèrent partout en Occident, en Flandre (les Karls en 1324-1328), en
France (la Jacquerie de 1358), en Angleterre (la révolte des
Travailleurs de 1381) ou en Languedoc (les Tuchins, 1363-
1384). La formule, restée justement célèbre, qui fut lancée
aux travailleurs anglais de 1381, en résume assez bien la
teneur : « Quand Adam bêchait et qu'Eve filait, où était
alors le gentilhomme ? »

La reconstruction agricole la plus riche d'avenir s'appuie
davantage sur la diffusion de nouvelles formules que sur
la restauration douteuse d'un état révolu. A l'image des
campagnes italiennes où ils sont en usage depuis longtemps, celles d'Angleterre ou de France enregistrent une
extension des baux de fermage ou de métayage qui ne leur
étaient pas inconnus. Forts de leur position, en cette
période de pénurie de main-d'œuvre, les paysans les plus
riches les orientent à leur avantage, avant que les maîtres
des terres ne puissent, mais guère avant la seconde moitié
du XV⁰ siècle, à nouveau imposer leurs conditions. Malheur
à ceux qu'elles emportèrent, les crises furent source
d'ascension pour ceux qui eurent la chance d'y survivre...

En ces temps d'insécurité, les villes apparurent à beaucoup comme un lieu de refuge : refuge, à l'abri des murailles, contre les bandes de soldats pillards, et refuge contre la misère auprès des diverses institutions caritatives qu'elles abritent. C'est pourquoi il semble qu'au total, bien que plus vulnérables aux épidémies en raison de la densité de l'habitat, leur population ait proportionnellement moins diminué que celle des campagnes.

Cependant, sous la pression des événements, le marché du travail y enregistre d'importantes évolutions. Dès le cours du XIIIᵉ siècle, les groupes professionnels, les métiers, ont tendance à se fermer sur eux-mêmes : des privilèges finissent par réserver aux seuls fils de maîtres l'accès à la succession de leurs pères, fermant toute possibilité d'évolution aux autres valets. La situation de crise amplifie le mécanisme ; aussi ces derniers en sont-ils réduits à aller se louer à la demande, hors de toute réglementation professionnelle, suivant la seule loi du marché. Mais, de même que dans le monde rural, ils se trouvent en position de force pour négocier leurs salaires, en un temps où les bras se font rares. Cela n'empêche pas les valets de développer entre eux des modes de solidarité nouveaux sous forme, à l'occasion, d'associations qui leur sont exclusivement réservées, comme il en va, dès le début du XIVᵉ siècle, pour celle que fondent les fourreurs de vair parisiens (ils travaillent la fourrure alors très prisée de petit-gris, une variété d'écureuil de Sibérie). D'inspiration radicalement différente de celle des métiers, ce sont les ancêtres des compagnonnages ; le terme de « compagnon » commence alors à supplanter celui de valet dans l'usage courant.

Corrélativement, d'autres tensions se font jour qui secouent l'ensemble de la société urbaine. Elles opposent, dans une rivalité autant politique (pour l'accès aux conseils et charges municipales) qu'économique, les membres des métiers qualifiés et aisés — le plus fréquemment les tisserands —, qui utilisent à leurs fins la troupe des véritables pauvres, aux drapiers et autres marchands dont les puissantes familles, alliées entre elles, verrouillent tous les pouvoirs institutionnels, fonciers et économiques dans la cité. Les révoltes qui surgissent sont fréquemment mêlées aux événements politiques du lieu : en Flandre, lutte entre le roi de France et le comte (Matines brugeoises de 1302), en Italie, rivalités entre les vieux partis guelfe — partisan du pape — et gibelin — partisan de l'empereur — (Ciompi à Florence en 1378), en France, guerre de Cent Ans (Cabochiens à Paris en 1413).

Au xive siècle, on l'aura constaté, partout, la population est prompte à se soulever. Sans doute est-ce pour partie dû à l'accumulation des difficultés, mais aussi bien aux nouveautés qui désorientent les esprits. En effet, les crises démographiques et économiques ont perturbé les cadres sur lesquels reposait depuis plusieurs siècles l'organisation sociale médiévale. Les réseaux traditionnels de solidarité sont affaiblis : les familles par le sang sont décimées, des villages entiers sont désertés, certains quartiers de grandes villes (à Paris ou en Avignon, par exemple) voient leur population largement renouvelée à la suite de mouvements migratoires. Certes, les siècles antérieurs ont connu des déplacements de population, mais dans un contexte fort différent. La confrontation avec un certain isolement, l'éloignement du lieu de vie des ancêtres et, plus généralement, l'instauration de formes d'individualisme dans divers secteurs de l'activité génèrent, en réaction, le développement de structures de remplacement nées de la recherche de nouveaux liens de solidarité. Alors que la tendance va dans le sens d'un repli du noyau familial sur les deux générations des parents et des enfants (famille dite « nucléaire »), des regroupements fraternels (frérêches) se recomposent dans certaines régions méridionales et de montagne. Dans une même communauté d'habitants, les classes d'âge s'organisent en associations, telles les « abbayes de jeunesse » fréquentées par les jeunes hommes en attente d'un établissement matrimonial. Et, en ville comme à la campagne, fleurissent de multiples confréries aux finalités d'entraide spirituelle et matérielle, dont on a pu dire qu'elles constituent pour leurs membres, nommés frères et sœurs, autant de familles artificielles sous la tutelle de leur saint patron.

Dans ces cadres rénovés, le monde du xve siècle retrouve progressivement quelque stabilité : il connaît un renouveau de l'activité, signe avant-coureur des beaux débuts du xvie siècle.

Vers un nouvel essor

La reconstruction qui, guère avant la seconde moitié du XVᵉ siècle, accompagne l'éloignement progressif des troubles, est marquée par une transformation du cadre de vie. Les murs des demeures se percent de plus grandes ouvertures, les châteaux perdent leur allure de forteresses, des objets plus variés et plus raffinés entrent dans le quotidien du costume, de la table ou du décor. Cette évolution reste encore réservée à une élite sociale dont, pourtant, les rangs ne sont plus occupés par la seule aristocratie : ils s'ouvrent à la bourgeoisie et à tous les tenants de ces fortunes construites sur les décombres antérieurs. Une telle évolution de la consommation stimule les divers secteurs de la production et des échanges.

L'alimentation, dans laquelle la part des céréales va diminuant, devient plus variée ; elle fait appel aux produits d'une agriculture qui commence à se diversifier, se spécialiser et se tourner vers l'échange, tout particulièrement dans les régions méditerranéennes. La rotation des cultures introduit les légumineuses (fèves et autres pois consommables frais ou secs), et l'organisation des terroirs fait place aux arbres fruitiers et plus encore au vignoble : à côté des grands domaines plantés de longue date, en Bourgogne et Bordelais, d'autres naissent en Espagne ou en Italie pour répondre au goût des vins capiteux. Contrairement à une idée reçue, la viande est loin d'être absente des repas : l'importance économique et sociale acquise, dans les villes, aux derniers siècles du Moyen Age, par les métiers de boucherie (macelliers pour les viandes de qualité et bouchers pour les autres, dont celle de bouc) en fournit une preuve indéniable. L'approvisionnement des marchés urbains suscite un développement de l'élevage selon des baux à cheptel au terme desquels propriétaire du troupeau et éleveur se répartissent le croît ou le décroît. Par la pratique nouvelle de la transhumance, le bétail alterne entre les pâturages d'altitude en été et ceux des régions basses en hiver ; le mouvement peut affecter des pays entiers, telle l'Espagne régulièrement traversée de l'Andalousie aux régions du Nord, et inversement, par des milliers d'animaux. Dans des conditions climatiques différentes, en Angleterre, les grands propriétaires de troupeaux amorcent le mouvement de clôture des terres (*enclo-*

sures) qui se poursuit après la fin du Moyen Age, quitte à en chasser leurs occupants moins puissants.

Mais la campagne ne pourvoit plus uniquement à la nourriture des hommes ; elle contribue sans cesse davantage à l'élaboration de produits finis par la culture de plantes dites « industrielles », textiles (lin, chanvre) ou tinctoriales (pastel). Sous l'impulsion de la demande, le monde textile diversifie ses produits. Aux côtés des soieries de luxe et des lourdes étoffes de laine (les draps), arrivent ainsi sur le marché des tissus accessibles à davantage d'acheteurs, certains plus grossiers (les futaines et les toiles), d'autres plus légers utilisés notamment pour les sous-vêtements. Le rythme de la fabrication s'accélère grâce à deux innovations techniques, le rouet et le moulin à foulon. Cette activité qui règne encore sur de nombreuses cités, pénètre alors dans les campagnes où les foyers ruraux complètent leurs ressources par des travaux d'appoint, l'hiver. Or, simultanément, l'artisanat voit pousser d'autres rameaux qui connaissent un premier essor. Encore modeste pour la verrerie ou la fabrication du papier (à partir du XIIe siècle), il est plus marqué dans la métallurgie dont l'activité se déploie, en amont, dans l'exploitation minière (monts Métalliques en Europe centrale), et en aval, dans la production de pièces d'artillerie, de cloches pour les carillons urbains, voire d'œuvres d'art en bronze. Naissent alors des groupements de production dont l'ampleur dépasse de loin celle des ateliers antérieurs, premiers jalons du capitalisme industriel.

Le secteur commercial enregistre pour sa part une évolution comparable : les plus grandes compagnies se dotent de succursales fixes implantées dans les grandes villes commerciales. Ces comptoirs, confiés à des « facteurs » expérimentés, acquièrent rapidement leur indépendance pour éviter que les difficultés financières de l'un ne rejaillissent sur l'ensemble de la compagnie, constituée de la sorte en société dite à filiales. Les marchands font ainsi l'économie de déplacements coûteux et sources de risques, d'autant que les modes de paiement ont de plus en plus recours à cette monnaie scripturaire qu'est la lettre de change : elle permet par un jeu d'écritures de solder sur une place des transactions effectuées sur une autre, tout en tenant compte du cours des monnaies pour le change. La diffusion, à partir du XIVe siècle, de la comptabilité à

partie double, où chaque opération figure à la fois au débit
et au crédit, traduit enfin le perfectionnement des techniques commerciales. Leurs acteurs traditionnels, italiens
et flamands, doivent alors compter avec le dynamisme
concurrent de nouveaux venus, Catalans, en Méditerranée
et marchands allemands des villes de la Hanse (dont
Lübeck, Cologne, Dantzig) qui contrôlent les échanges en
mer du Nord et en mer Baltique, en étroite liaison avec un
commerce anglais fort vivant, les hostilités avec la France
n'ayant pas interrompu l'exportation des laines sur le
continent, toujours de mise par l'Etape de Calais (*The Sta-
ple of Calais*). Au débouché des cols alpestres, Augsbourg
et Nuremberg assurent le relais entre les pays du nord et
du sud de l'Europe : le vieil axe des foires de Champagne
s'est donc déplacé vers l'est, tandis que les centres français
les plus actifs se réfugient dans la vallée du Rhône ou le
Languedoc, en raison des perturbations durables introdui-
tes par la guerre de Cent Ans dans les régions du nord de
la Loire. De nouvelles foires prospèrent à Francfort-sur-le-
Main, Genève ou Lyon.

C'est que, parmi les nouveautés qui bouleversent toute
la vie de l'Occident médiéval, il faut désormais compter
avec un nouvel acteur de poids : l'Etat, tel qu'il se construit
au sein des différents royaumes, et particulièrement ceux
de France et d'Angleterre.

CHAPITRE XII

NAISSANCE DES ÉTATS MODERNES

La présence d'un Etat central actif jusqu'à l'échelon local distingue nettement la vie politique des derniers siècles du Moyen Age de celle des temps antérieurs. Les études récentes, qui n'ont plus pour seul objet la personne des souverains, mais prennent en compte désormais tous ses serviteurs, des théoriciens aux plus modestes officiers, font remonter les racines de l'Etat moderne peut-être jusqu'au XIIIᵉ siècle, du moins, sans hésitation, aux XIVᵉ et XVᵉ. Particulièrement bien illustré par l'évolution des deux principales monarchies, celles de France et d'Angleterre, le phénomène n'est pas non plus sans toucher d'autres territoires, comme la péninsule ibérique. Déjà discernable dans l'effort tenté par les princes Plantagenêts et les princes capétiens, à partir de Philippe Auguste, pour réaffirmer leurs prérogatives, il fut puissamment accéléré par la guerre que menèrent l'une contre l'autre les deux maisons royales française et anglaise, suivant un mécanisme observable en d'autres temps : le long et rude conflit de la Première Guerre mondiale ne s'est-il pas également accompagné d'un renforcement du pouvoir central ?

La majesté royale dans tout son éclat

Le souverain médiéval n'incarne pas à lui seul l'Etat autant que prétend le faire un monarque absolu ; cependant, il en est le pivot. C'est pourquoi le développement de la puissance publique passe par tout un travail de réflexion sur la nature du pouvoir du prince, répercuté ensuite à l'intention de tous au cours de cérémonies qui assurent l'orchestration de la majesté royale.

La pensée politique des XIVᵉ et XVᵉ siècles demeure tributaire des principes forgés dès les temps carolingiens dans les *Miroirs des Princes*. Pourtant, si le genre continue à

fleurir sous la plume des meilleurs auteurs, Christine de
Pisan en France ou Sir John Fortescue en Angleterre, il
infléchit son discours sous l'influence de saint Thomas
d'Aquin et des idées aristotéliciennes. La sagesse alors
attendue de la part du souverain ne repose plus exclusivement sur ses qualités de piété, de bonté et de justice, ni ne
puise plus uniquement ses sources dans la méditation des
Ecritures chrétiennes et des modèles vétéro-testamentai-
res ; elle provient également des leçons que celui-ci sait
tirer du passé et d'un savoir acquis par la lecture. Ce n'est
pas le fruit du hasard si le modèle de Christine de Pisan,
Charles V le Sage, s'est entouré du conseil d'hommes
savants et a pris soin de constituer une riche bibliothèque
de travail au Louvre, premier noyau des collections royales, puis de la future Bibliothèque nationale.

Si, dans l'idéologie royale, la compétence technique
commence à trouver sa place à côté des qualités morales,
aucune des deux n'éclipse, loin de là, la composante religieuse qui connaît en ces temps d'importants déploie-
ments, au point que se forge une véritable « religion
royale ». Celle-ci se manifeste principalement au cours de
cérémonies publiques qui assurent sa diffusion à l'échelle
de tout le royaume. Le cas français servira à nouveau de
guide, mais il est révélateur d'une réalité commune aux
monarchies occidentales. La première de ces grandes
démonstrations, le sacre, n'est pas une création de l'époque, mais les Capétiens puis les Valois qui leur succédè-
rent, en usèrent avec habileté. Ils s'attachèrent à accentuer
sa charge symbolique pour exalter la continuité de la puissance franque-française, depuis les règnes de Clovis et de
Charlemagne jusqu'aux leurs : elle s'exprime à travers les
objets du sacre (les *regalia* : couronne, sceptre, éperons,
épée...), conservés à l'abbaye de Saint-Denis et acheminés
pour la circonstance en l'église de Reims où se déroule le
rituel désormais étroitement codifié. Des éléments plus
nouveaux sont introduits dans le « culte royal », à travers
le cérémonial qui accompagne, aux derniers siècles du
Moyen Age, les funérailles des souverains. Elles donnent
lieu, bien sûr, à l'organisation d'exceptionnelles pompes
funèbres, chères à la dévotion de l'époque. Mais elles
visent aussi à graver dans les esprits l'idée de la permanence de l'Etat. C'est ainsi que durant les cérémonies, un
mannequin de cire à l'effigie du souverain défunt main-

tient aux yeux de tous la fiction de son règne jusqu'à l'inhumation du vrai corps du roi. Ce « second corps du roi »
matérialise la permanence de l'Etat, au-delà de la destinée
personnelle de celui qui l'a incarné un temps. De plus, en
agençant les divers tombeaux royaux — à l'exception de
celui de Louis XI, enterré à Notre-Dame-de-Cléry — à
l'intérieur de l'abbaye de Saint-Denis, placée sous protection royale depuis les temps mérovingiens, les princes
Valois prennent également soin de concrétiser la continuité dynastique que connut leur royaume. En Angleterre,
l'abbaye de Westminster joue un rôle analogue. Mais ces
deux grands événements qui jalonnent chaque règne en
son début et en son terme, demeurent localisés en deux
cités du royaume. Pour assurer une plus large visibilité à
leur pouvoir, les souverains ont recours au rite des entrées
royales, lors de leur passage dans l'une ou l'autre ville,
quand les circonstances politiques ou militaires s'y prêtent, il va de soi. Décrites par de nombreuses chroniques,
ces solennités, lieu privilégié de manifestation de la
majesté royale — leur dispositif, par l'usage du dais porté
au-dessus du souverain, se serait calqué sur celui des processions de la fête du Saint-Sacrement —, sont aussi le lieu
de la collaboration introduite pour le gouvernement du
royaume entre le prince et ses « bonnes villes » (un statut
bien précis, notamment dû à leur appareil défensif, qui ne
concerne que certaines d'entre elles).

Le poids de l'administration

Le développement des rouages du gouvernement suit un
rythme analogue à celui des prérogatives royales. Rappelons que toute la vie domestique du prince, dont l'entourage se fait de plus en plus dense, est réglée par les officiers
de l'Hôtel du roi en France ou *Household* en Angleterre, en
un temps où les cours sont encore pour une bonne part
itinérantes. Au premier rang des institutions centrales, le
conseil, que le roi réunit fréquemment, si l'on en croit les
sources, garde une composition encore proche de la cour
féodale dont il est issu : princes du sang, seigneurs laïcs et
ecclésiastiques les plus prestigieux y siègent de droit. Sa
division en conseils spécialisés n'intervient qu'à la toute fin
de la période. En revanche, de plus en plus couramment,
le souverain ouvre ses portes à des individus réputés pour

leurs compétences dans des domaines techniques, affaires financières (par exemple, les banquiers italiens Biche et Mouche sous le règne de Philippe le Bel) ou juridiques (les légistes tel Guillaume de Nogaret, sous le même roi), quitte à provoquer des heurts avec les grands peu favorables à ces hommes nouveaux. Se profile ainsi un milieu de serviteurs du prince, véritables fonctionnaires, cultivés, bons connaisseurs du droit, parfois gens d'Eglise, tous animés d'un zèle sans partage pour l'Etat qu'ils servent, qu'il soit anglais ou français. Leur nombre croît sensiblement au cours de la période, ce qui modifie totalement la composition de la société politique, jusqu'alors confondue avec l'aristocratie et les plus puissants membres du clergé. Parmi eux, certains se constituent déjà en corps, notamment, en France, les gens du Parlement dont le recrutement se fait par cooptation. Il faut dire qu'ils appartiennent à l'un des rouages de l'Etat qui connut alors un vif essor.

On se souvient, en effet, qu'en France, depuis le règne de Saint Louis, c'est par l'exercice de la justice que le roi se rend présent à tous ses sujets, grâce à la procédure d'appel que s'emploient à développer baillis et sénéchaux dans l'ensemble du royaume. Leur action rencontre un écho favorable, au point que la cour siégeant en parlement qui avait pour mission de régler ces recours, doit s'organiser en une véritable institution de justice. Le Parlement se subdivise en plusieurs chambres pour examiner la validité des requêtes, enquêter sur les dossiers retenus et enfin rendre sa sentence. Mais les mutations les plus profondes de l'administration royale interviennent en matière fiscale. L'accroissement de ses domaines d'intervention met le prince en perpétuelle quête d'argent : ainsi, en France, aux dépenses liées au train de vie, il faut ajouter les gages versés à tous les membres de l'administration, à la différence de l'Angleterre où, en l'absence de tout traitement, ces derniers appartiennent de fait aux milieux aristocratiques. C'est pourquoi, lorsque les revenus du domaine royal, des péages, des tonlieux et des droits de justice s'avèrent insuffisants, le prince n'hésite pas à recourir à des moyens plus brutaux : main basse sur le trésor des Templiers, spoliation des Juifs et autres prêteurs d'argent, ou dévaluation monétaire dont tous pâtissent. Or, la guerre franco-anglaise va profondément aggraver la situation en multipliant les

dépenses. L'appel plus massif à l'impôt devient alors iné-
luctable : c'est de cette époque que date la généralisation
des aides (impôts sur la vente des marchandises), de la
gabelle (droit sur le sel, réduit dans les régions maritimes)
et, surtout, de l'impôt direct, la taille, qui perdure, en dépit
du geste de Charles V, lequel, sur son lit de mort, abolit
tous les impôts ! Ne nous y trompons pas : il ne s'agit pas
là d'un remords de conscience, mais davantage de la
volonté de restaurer l'usage ancien selon lequel le roi ne
doit vivre que du sien, à savoir de ses propres biens, et ne
recourir qu'en cas exceptionnel à l'« aide » de ses sujets.
D'ailleurs, l'impôt doit, en toute rigueur, être consenti par
le pays, un fait qui relève moins de la fiction en Angleterre
où les barons surent acquérir pour leur assemblée, également nommée Parlement, un véritable rôle de contrôle du
pouvoir royal, qu'en France où, inversement, les rois
surent dicter leur volonté aux États généraux réunis pour
la circonstance.

Mais l'alourdissement de la fiscalité, notamment par
l'instauration de l'impôt direct permanent, n'est pas allé de
soi ; la plupart des révoltes qui jalonnèrent, on l'a vu, l'histoire sociale du XIVᵉ siècle, ont une origine fiscale. Pourtant, l'État finit par triompher et, dans le royaume de
France, de nouveaux officiers furent mis en place pour
veiller aux questions financières, les élus, qui supplantent
en ce domaine les baillis, par ailleurs secondés par les lieu-
tenants en matière de justice et les capitaines pour les
affaires militaires. Plus largement encore, de telles nouveautés, toujours à suivre l'exemple du royaume de France,
bouleversent tellement la pratique du pouvoir qu'elles pro-
voquent de violents courants d'opposition. Ces derniers
attribuent tous les maux du temps à l'influence des mauvais conseillers sur le prince et proposent, en réponse, des
ordonnances de réforme du royaume. Les heures troublées
de la guerre franco-anglaise, doublée ensuite de la guerre
civile entre Armagnacs et Bourguignons, favorisent cette
agitation qui explose tout particulièrement lors de la
révolte d'Etienne Marcel, en 1357-1358, alors que le roi
Jean le Bon est prisonnier des Anglais après la défaite de
Poitiers (1356), puis en 1413, lors de l'émeute cabo-
chienne, dans un Paris aux mains du duc de Bourgogne.

Le choc des deux grands : la guerre de Cent Ans

Le film des événements qui opposèrent les deux grands royaumes d'Occident en une lutte sur laquelle se greffèrent des conflits annexes en Flandre, Castille, Ecosse et Bretagne, ne saurait être évoqué ici, à l'exception de quelques jalons chronologiques.

Les hostilités, étalées de 1337 à 1455, font alterner des temps de guerre ouverte avec de longues périodes de trêve. Elles débutent par d'éclatants succès pour les Anglais : victoire navale de l'Ecluse (1340), suivie de la prise de Calais (1347) qui leur assure une porte d'accès au continent ; victoires terrestres de Crécy (1346) et de Poitiers (1356), accompagnées de chevauchées conquérantes à travers tout le nord-ouest du royaume, puis l'Aquitaine et le Languedoc. Il appartint au roi Charles V (1364-1380), appuyé sur l'action énergique du chef de guerre Bertrand Du Guesclin, de redresser la situation et de reconquérir la quasi-totalité de son royaume, perdue au traité de Brétigny (1360). Cependant, les profondes divisions qui déchirent les princes pendant la minorité, puis la folie de son fils Charles VI (1380-1422), ne permettent pas à la cour française d'exploiter les difficultés que connaît simultanément la monarchie anglaise. Il faut attendre l'arrivée au pouvoir de la dynastie des Lancastre, et notamment de Henry V (1413-1422), pour voir reprendre une phase d'hostilité déclarée qui aboutit, après la désastreuse défaite française d'Azincourt (1415), à l'occupation de la Normandie par les troupes anglaises, puis à la concession de la couronne de France au souverain victorieux. En effet, par le traité de Troyes (1420), le dauphin Charles est déshérité par son père Charles VI qui donne sa fille en mariage à Henry V d'Angleterre et en fait son héritier, créant ainsi une double monarchie (les deux pays, France et Angleterre, demeurent séparés). Le sursaut français est alors incarné par Jeanne d'Arc qui fait sacrer à Reims, en 1429, le dauphin, devenu Charles VII, jusqu'alors réfugié au sud dans son « royaume de Bourges », avant d'être abandonnée par ceux qu'elle a servis. Deux victoires, l'une en Normandie (Formigny, 1450), l'autre en Guyenne (Castillon, 1453), marquent les principales étapes de la reconquête définitive, alors que l'Angleterre sombre dans la guerre civile des Deux Roses, blanche pour les Yorks et rouge pour les Lancastres.

Ce long affrontement se place en rupture totale avec les conflits précédents. Guerre déjà « moderne », il marque profondément les esprits, et pas uniquement en raison du lourd cortège de malheurs qui l'accompagne tant dans les villes assiégées, qui doivent redresser à la hâte et à grands frais des murailles mal entretenues en temps de paix, que dans les campagnes pillées par les troupes qui les sillonnent. Il révèle en outre de très profonds changements, dont le premier se situe dans le domaine militaire. En effet, les grandes batailles de Crécy, Poitiers ou Azincourt, qui virent s'affronter des guerriers en nombre cependant encore limité, comparé aux effectifs des armées de la guerre d'Espagne, sous Louis XIV, ou des campagnes napoléoniennes, étaient demeurées étrangères aux siècles féodaux. Les prouesses individuelles de la chevalerie sont balayées par l'efficacité des troupes de « piétons », armés des redoutables arcs gallois en bois d'if : pour avoir refusé de le comprendre, la fine fleur de la noblesse française s'est fait décimer à plusieurs reprises. La défense d'un royaume ne repose donc plus désormais sur les chevaliers, mais sur ces groupes de mercenaires dont le prince s'attache les services à prix d'or, grâce à l'impôt. Hors de toute fidélité personnelle, ils vont de l'un à l'autre camp, au plus offrant ; et lorsque le paiement de la solde tarde trop, ils se servent eux-mêmes sur les campagnes : ce sont les Grandes Compagnies et autres bandes d'Ecorcheurs, au surnom terriblement éloquent ! Puis vient le temps, en France sous Charles VII, où la levée du contingent militaire se fait sur l'ensemble de la population. Le monde aristocratique, qui perd en cela sa principale fonction sociale, n'a plus qu'à se replier sur les valeurs devenues mythiques d'une chevalerie d'autant plus exaltée et codifiée qu'elle lui sert de refuge.

La guerre de Cent Ans fit également apparaître au grand jour la naissance du sentiment national, un phénomène riche d'avenir pour l'Europe moderne et contemporaine... N'est-ce pas le ressort profond qui est à l'origine même du conflit, dans le refus français de voir succéder aux Capétiens, dont la lignée s'est éteinte en 1328 après la mort successive, sans descendant mâle, des trois fils de Philippe le Bel, un prince anglais, Edouard III, qui pouvait y prétendre par sa mère, Isabelle de France, sœur des précédents ? L'exclusion des femmes de la succession à la couronne fut une innovation forgée au service de la promotion des

Valois, la branche cadette des Capétiens ; plus tard, sous Charles V, elle fut légitimée par un article, abusivement sollicité en ce sens, de la loi salique. Puis, vers la fin de l'affrontement, le sentiment national guide toute l'action de Jeanne d'Arc et de ses compagnons, étroitement mêlé à la conviction de servir d'instrument à la volonté divine qui aurait de longue date manifesté une élection particulière pour la monarchie française... La propagande royale sut, en effet, savamment orchestrer ces idées en un travail d'écriture de son histoire dans les *Grandes Chroniques de France* rédigées à l'abbaye de Saint-Denis, et en prenant appui sur le culte de saints protecteurs, tels saint Michel, saint Denis ou Saint Louis. Son exemple n'est pas unique et l'on voit les autres dynasties susciter le même type d'entreprise (saint George pour la monarchie anglaise, par exemple), où discours politique et religieux sont étroitement imbriqués. La multiplication concomitante des ordres de chevalerie, dans toute l'Europe, en donne une nouvelle illustration.

Dans le monde français, la guerre fit enfin apparaître un réel danger pour le pouvoir central, celui de la puissance de princes susceptibles de rivaliser avec le roi au point de réellement l'affaiblir, en déployant sur leurs terres une politique autonome. Le phénomène provient de la constitution par les rois capétiens et valois d'apanages pour assurer la subsistance de leurs fils puînés, écartés de la couronne réservée à l'aîné. L'action du roi Jean le Bon est à cet égard exemplaire qui donna l'Anjou à Louis, le Berry à Jean et la Bourgogne à Philippe. A la mort de leur frère Charles V, les oncles du nouveau roi cherchent chacun à prendre la direction des affaires en s'appuyant sur les revenus et les réseaux de fidélité que leur assure leur apanage. L'un d'eux, le duc de Bourgogne, se montre de loin le plus redoutable : par mariage, achats, héritage ou guerre, il réussit, au fil des générations, à accroître considérablement ses biens, au point de constituer une véritable principauté territoriale de belle taille, aux institutions solides, à l'économie prospère puisqu'elle unit la Flandre aux terres de la Bourgogne royale, et à la brillante activité culturelle soutenue par un riche mécénat ducal. Celui qui se pare du titre de Grand Duc d'Occident se croit alors autorisé à mener une politique personnelle : or, ses intérêts flamands le rapprochent de l'Angleterre, au risque de compromettre l'intégrité du royaume. Le danger persiste d'ailleurs bien après la fin du conflit franco-anglais, jusqu'à ce que Louis XI parvienne à prendre dans ses filets l'ambitieux Charles le Téméraire qui meurt devant Nancy en janvier 1477. Mais l'union, la même année, de la fille de ce dernier avec Maximilien d'Autriche prépare l'ample rassemblement de territoires dont peut se prévaloir, au XVIe siècle, leur petit-fils l'empereur Charles Quint. Le règlement de la question bourguignonne ne fit pas disparaître tout risque pour la monarchie française qui eut encore maille à partir avec les maîtres d'autres grandes enclaves, tel le duc de Bourbon, avant que ne soit pleinement réalisée l'unité du royaume.

Vers la géographie politique de l'Europe moderne

L'affrontement des deux plus grandes puissances de l'époque ne doit pour autant pas dissimuler l'évolution des autres parties de l'Europe, où se profile également la carte politique de l'âge moderne.

L'absence quasi totale d'intervention du pouvoir impérial dans les événements qui précèdent traduit sans conteste son déclin face à l'affirmation des entités indépendantes que sont les royaumes. Le trait vaut pour l'ensemble des deux derniers siècles du Moyen Age, desquels émerge cependant la figure de l'empereur Charles IV (1346-1378). Roi de Bohême, éduqué à Paris, ami des humanistes comme Pétrarque († 1374), il fit de Prague une capitale impériale dotée d'une université et d'une prestigieuse parure monumentale (palais et cathédrale Saint-Guy). Par la Bulle d'Or de 1356, il reconnaît de fait la souveraineté des princes électeurs, réduits au nombre de sept : les trois archevêques de Cologne, Trèves et Mayence, ainsi que le roi de Bohême, le comte palatin du Rhin, le duc de Saxe et le margrave (comte de la marche) de Brandebourg. Si l'on excepte quelques grands ensembles territoriaux (Bavière, Bohême et les possesions de la maison de Habsbourg, Autriche, Tyrol, Styrie et Carinthie), l'espace germanique se divise en une poussière d'autres unités beaucoup plus petites, aux contours mouvants ; leurs rivalités incessantes le plongent dans l'instabilité et l'insécurité, alors que se construit lentement la puissance des Habsbourgs. A l'échelle européenne, l'influence germanique est alors en net recul. Il s'observe à l'Ouest, face à la progression des ambitions bourguignonnes et françaises, auxquelles peut s'ajouter la mention de la farouche indépendance des cantons suisses, Uri, Schwyz et Unterwalden qui, unis à plusieurs villes, Lucerne, Zurich et Berne, constituent peu à peu la Confédération helvétique. Mais ce reflux est plus manifeste encore en Europe centrale où s'affirment les royaumes de Bohême, de Hongrie et de Pologne, ainsi que dans les pays scandinaves, Danemark, Norvège et Suède, qui tentent de se rassembler en une seule unité politique, future grande puissance. Confrontés à ces initiatives « nationales », la colonisation agraire et le commerce hanséatique déclinent. Quant aux confins méridionaux de l'Empire, ils lui échappent sans cesse davantage.

L'Italie connaît la même réalité politique que le monde allemand : elle est tout aussi instable et atomisée. Dans le nord, à côté du comté de Savoie, érigé en duché, se forment des principautés territoriales autour de quelques grandes villes, Gênes, bientôt éclipsée par Milan, Florence ou Venise qui rassemble sa « Terre Ferme » ; elles sont gouvernées par une seule famille (à Milan les Visconti), parfois appuyée sur des chefs de guerre, les condottieres, ou plus collégialement par une oligarchie (à Venise ou Florence, avant que les Médicis ne s'emparent du pouvoir). Au centre et au sud, le paysage est également mouvant. La papauté, installée en Avignon durant tout le XIVᵉ siècle, ne rentre réellement en scène qu'à la fin de la période, durant le second tiers du XVᵉ siècle, passé les troubles du Grand Schisme durant lequel, de 1378 à 1417, l'Eglise fut divisée entre deux papes, l'un siégeant à Rome, l'autre en Avignon. Quant au royaume de Naples, en dépit des efforts des descendants de Charles d'Anjou, frère de Saint Louis, pour s'y maintenir, il finit par tomber en 1442 sous la coupe du roi d'Aragon qui s'était emparé de la Sicile dès 1282 à la suite de l'expulsion des Français lors des Vêpres siciliennes. C'est pour relever les droits de la famille d'Anjou et ceux de la famille d'Orléans depuis le mariage de Louis d'Orléans, frère de Charles VI, avec Valentine Visconti, que les rois de France Charles VIII et Louis XII, à la fin du XVᵉ siècle, cèdent au « mirage italien » et entreprennent les célèbres guerres d'Italie : leurs succès furent plus brillants dans le domaine culturel que territorial...

Les royaumes ibériques, au contraire, connaissent une tendance à l'unification, à laquelle échappent la Navarre et le Portugal qui conservent leur indépendance, le dernier se tournant alors résolument vers le large, théâtre de son exceptionnelle expansion. En revanche, les deux autres grands royaumes, Castille et couronne d'Aragon, après bien des conflits internes et l'édification d'une solide armature institutionnelle, fusionnent à la suite du mariage de leurs héritiers, Isabelle de Castille et Ferdinand d'Aragon. Ensemble, les « rois catholiques » poursuivent l'entreprise unitaire par l'annexion en 1492 de la dernière possession musulmane en terre ibérique, le royaume de Grenade. Mais ils lui donnent une dimension religieuse exacerbée par l'expulsion, la même année, de tous les Juifs hors de leurs Etats, alors que les tribunaux de l'Inquisition, placés ici depuis 1478 sous l'autorité du seul pouvoir politique, veillent à la correction des convictions que partagent leurs sujets.

Les forces de division semblent donc l'emporter en Occident au terme du Moyen Age. Le seul ferment d'unité auquel se rattacher serait d'ordre religieux. Il permettrait de rendre compte, en profondeur, de l'extraordinaire succès des grands pèlerinages romains qui jalonnent la période lors des années d'indulgence plénière, dites aussi années de Jubilé, en 1300, 1350, 1400 et 1450. Mais la papauté elle-même donne au cours de la période l'exemple d'un temps de division (le Grand Schisme, 1378-1417) et, face à la menace turque qui grandit en Orient, les Occidentaux sont incapables de s'unir. Ils tentèrent bien de réagir, à la fin du XIVᵉ siècle, lorsque la conquête de la Serbie et de la Bulgarie conduisit les Turcs aux portes de la Hongrie ; mais l'armée hongroise, renforcée d'un faible contingent de croisés bourguignons, fut battue à Nicopolis en 1396. L'expansion ottomane se poursuivit alors sans rencontrer d'opposition sérieuse de la part des Occidentaux et c'est quasiment dans l'indifférence générale que Constantinople tomba entre les mains des Infidèles en 1453...

Pour ceux qui comptaient leur indépendance, la dernière à récupérer alors, recommença vers le large, Illustre de son exceptionnelle expansion. Ici ressurche, les deux contres grands ouverts, Castille et puissance d'Aragon, ainsi bien des conflits internes et l'adhésion dans celles-là manifeste intentionnelles fusés. Sous le signe de mariage des leurs Rois, en Isabelle de Castille et Ferdinand d'Aragon Blanche [...]

[texte partiellement masqué en haut de page]

CHAPITRE XIII

L'ÉGLISE À LA VEILLE DE LA RÉFORME

L'image que donne l'Eglise aux derniers siècles du Moyen Age est totalement ambivalente. Secouée de violentes crises internes (le Grand Schisme) et victime des difficultés générales des temps, elle fut longtemps présentée glissant sur la pente de la décadence jusqu'à la violente réaction de la Réforme protestante puis de la Réforme catholique (dite aussi Contre-Réforme), aux XVIe et XVIIe siècles. Tout autre est le diagnostic porté de nos jours ! Faisant droit, à côté des réalités institutionnelles, aux formes de la vie religieuse des chrétiens, il met au contraire l'accent sur la vitalité d'une structure qui sut triompher des plus graves secousses et sur le profond attachement des fidèles à la foi chrétienne selon des modalités où se mêlent démonstrations extérieures et repliements privés. C'est donc sous le signe de la tension que se place cet épisode de l'histoire religieuse, une tension qui n'a pu manquer, à sa manière, de faire le lit de la crise du XVIe siècle.

Heurs et malheurs de la centralisation pontificale

Le mouvement de centralisation du gouvernement de l'Eglise autour du successeur de Pierre, amorcé au cours du XIe siècle par la réforme grégorienne, connut bien des cheminements ultérieurs, jusqu'aux derniers siècles du Moyen Age.

La poursuite, au cours du XIIIe siècle, du conflit qui avait opposé papes et empereurs à propos de l'investiture aux bénéfices ecclésiastiques, amena la papauté à formuler de nouveau les principes qui devaient régir les relations du spirituel et du temporel au sein de la société chrétienne. Issus des développements alors brillants du droit canonique, ils reposent sur la distinction entre la pleine souverai-

neté (*auctoritas*), dont seul dispose le pape, ultime référence morale et spirituelle, et la puissance publique
(*potestas*) laissée aux mains des princes. Tout en ménageant une sphère d'action au pouvoir civil, la théorie place
cependant le pape en situation d'arbitre, à la tête du
monde chrétien. Si les événements du XIIIᵉ siècle permirent
aux souverains pontifes de triompher de l'empereur, au
terme de la lutte acharnée qu'ils menèrent contre Frédéric II, cette victoire ne fut pourtant pas sans partage.
Exploitant la situation à leur avantage, les rois de France
et d'Angleterre, prompts à affirmer leurs prérogatives, prirent alors leurs distances à l'égard du pouvoir romain,
quitte à déclencher de graves conflits avec lui. En effet, les
princes, qui supportaient de plus en plus difficilement les
privilèges dont jouissaient en leurs royaumes les biens
d'Eglise et les clercs, en vinrent à contester la suprématie
pontificale. L'un des épisodes les plus marquants intervint,
en France, au début du XIVᵉ siècle, sous le règne de Philippe le Bel. Face aux prétentions, que les légistes
s'employaient à légitimer, du Capétien sur « son » Eglise,
la violente résistance du pape Boniface VIII, qui réaffirme
alors clairement la double primauté spirituelle et temporelle du pape sur les princes (théocratie pontificale), ne put
empêcher l'humiliation de ce dernier lors de l'attentat
d'Anagni (1303). Cette houleuse rencontre, au cours de
laquelle le représentant du roi de France, Guillaume de
Nogaret, accusa le souverain pontife d'hérésie et le
molesta, n'est qu'un épisode spectaculaire de la longue
rivalité entre deux puissances qui prétendent chacune être
placée au sommet du pouvoir et, de la sorte, contrôler la
vie religieuse et le clergé, l'un en son royaume, l'autre sur
toute la chrétienté. Philippe le Bel fit ce qu'aucun n'avait
osé avant lui ; le temps n'est donc plus où la papauté pouvait prétendre régir la chrétienté...

Simultanément, l'Eglise se dote d'un gouvernement à la
mesure de son rayonnement sur tout l'Occident : il continue d'apparaître aux différents papes comme le meilleur
rempart de leur indépendance et le seul instrument possible d'une réforme de quelque ampleur. Le séjour que la
papauté fit en Avignon, cité voisine du comtat Venaissin
(territoires cédés à la papauté depuis 1229 par le comte de
Toulouse Raymond VII), de 1316 à 1377, pour fuir les dangers que représentait pour elle l'instabilité politique de

Rome et des Etats pontificaux, marque une étape décisive
dans la construction de ses organes centraux. En effet, la
chancellerie, dont la place avait été prépondérante au long
du XIIIᵉ siècle, ne pouvait plus assumer seule l'ensemble
croissant des tâches. Des services spécialisés sont alors
créés. La Chambre apostolique, d'une efficacité rarement
égalée, dirige les affaires financières ; mais elle voit ses
compétences s'étendre bien au-delà : la qualité de ses
membres en fait le pivot du gouvernement de l'Eglise. La
Pénitencerie traite de tous les cas où une décision pontificale doit intervenir en matière d'absolution des fautes. Le
tribunal de la Rote (du latin *rota*, roue, à cause de la forme
ronde du banc sur lequel siègent les juges) tranche tous les
litiges qui sont portés devant la cour pontificale. L'Aumônerie veille aux charités, tandis que la Maison du pape, où
le service de la Chapelle occupe une place à part, ordonne
la vie domestique du pontife et qu'un studium entretient à
ses côtés une activité théologique. Il n'est donc pas vain
d'évoquer pour l'Eglise un véritable gouvernement à
l'image de ceux dont se dotent alors les Etats : par la qualité de ses rouages, il leur aurait même servi de modèle...

L'entretien d'une telle machine administrative requiert
des revenus à l'avenant. C'est pourquoi l'expansion du gouvernement pontifical va de pair avec celle d'une fiscalité
qui repose essentiellement sur les bénéfices ecclésiastiques. Le pape s'approprie tout d'abord les revenus des
bénéfices vacants auxquels il nomme directement ; puis,
lorsqu'ils sont pourvus, le nouveau titulaire paie des droits
de chancellerie ainsi que diverses taxes lors de la visite rendue en cette occasion au Saint-Siège (visite *ad limina*) ;
enfin, à la mort du titulaire, le pape s'attribue ses biens au
nom du droit de dépouilles. A ces rentrées, qui alimentent
près de la moitié du budget pontifical, s'ajoutent des
contributions exceptionnelles, souvent nommées décimes,
car le prélèvement se monte alors au dixième des revenus
de chaque bénéfice. L'installation de la papauté en Avignon, accompagnée de la préparation militaire du retour
à Rome ainsi que d'une politique de prestige — construction d'un splendide palais et aumônes abondantes —,
accrut considérablement ces besoins. L'opposition des
monarques au Saint-Siège ne restait pas sans écho parmi
les clercs de leurs royaumes...

L'efficacité d'un tel régime fiscal repose sur l'élargissement du contrôle exercé par la papauté sur les bénéfices dans l'ensemble de la chrétienté. Dès 1265 s'amorce une politique centralisatrice au titre de laquelle le pape se réserve la libre disposition de toutes les charges ecclésiastiques. Elle se heurta à une réelle résistance de la part des Eglises nationales, mais, dans plus d'un cas, fit contrepoids aux réseaux locaux, avant que d'autres ne se tissent autour de chaque curialiste, hors desquels il devint délicat d'accéder à une charge quelconque. Ce mode de nomination entretint chez le personnel ecclésiastique une certaine mobilité et put aussi faciliter la carrière de clercs d'origine modeste.

L'installation de la papauté en Avignon eut pour résultat de la mettre à la merci de son puissant voisin le roi de France ; mieux encore, tous les papes avignonnais furent des Français. Rappelons cependant que la cité, située en terre d'Empire — elle appartient au début du XIVᵉ siècle au comte de Provence — ne fut acquise par les papes qu'en 1348. Des voix s'élevèrent (sainte Brigitte de Suède, sainte Catherine de Sienne) pour dénoncer cet état de fait et réclamer que cesse la « captivité de Babylone » dont était victime la tête de l'Eglise. Mais le retour à Rome de la papauté, à la fin du pontificat de Grégoire XI, déboucha sur un problème autrement plus grave. En effet, à la mort du pontife, en 1378, l'élection de l'Italien Urbain VI provoqua des controverses, en raison de son caractère ombrageux. Les cardinaux français, dont le nombre s'était accru au sein du Sacré Collège, prirent l'initiative de choisir un autre pape, Clément VII, qui, dans l'impossibilité de contrôler Rome, s'installa en Avignon. L'unité de l'Eglise fut alors sérieusement compromise, d'autant que la guerre franco-anglaise favorisait la constitution de deux camps aux forces équilibrées : celui du pape avignonnais autour des Français, et celui de Rome autour des Anglais. Le « Grand Schisme » (1378-1417) put de la sorte perdurer sous plusieurs pontificats, à l'inverse d'autres crises internes auxquelles l'Eglise médiévale occidentale avait été affrontée lors de l'élection d'« antipapes » mais qui furent, dans l'ensemble, plus rapidement résolues. Les institutions centralisées sur lesquelles reposait alors l'administration ecclésiastique en firent ressentir les répercussions jusque dans les Eglises locales : chacun des deux papes estimait, en effet, pouvoir à bon droit nommer aux bénéfices de

toute la chrétienté, selon l'usage qui s'était pris dès le
milieu du xiiie siècle. La solution ne put venir ni de la
force, ni de la démission des deux papes en présence ; elle
appartint au concile. Après une tentative malheureuse à
Pise, le concile de Constance rétablit l'unité en 1417 avec
l'élection de Martin V. L'assemblée était alors bien décidée
à exploiter son influence récente pour faire évoluer en sa
faveur le gouvernement de l'Eglise. Mais, enlisée dans des
débats mineurs, elle laissa le pape reconquérir son prestige, illustré par la splendeur nouvelle de Rome. En revanche, les princes furent plus habiles. Usant de la menace
conciliaire, ils parvinrent à négocier des concordats ou des
accords avec le siège apostolique (en France la Pragmati-
que Sanction de Bourges, 1438), qui leur permirent de surveiller plus étroitement leur Eglise. L'identité nationale
l'emporte sur l'unité de la chrétienté.

Les fruits de l'élan pastoral

Les vicissitudes de la papauté auraient-elles jeté un
discrédit sur l'institution ecclésiastique dans l'esprit des
fidèles ? Sans doute ne sont-elles pas étrangères aux formes de replis que connaît alors la vie religieuse sur des
modes privés d'expression. Il convient cependant de les
rattacher à des mouvements autrement profonds, tout
comme l'impression générale de vitalité qui prévaut : ces
courants s'enracinent dans l'élan pastoral déployé par le
clergé à l'égard des laïcs et dans l'aspiration, toujours
croissante chez ces derniers, à une foi plus éclairée par la
fréquentation des textes.

A l'égal des autres membres de la société, les clercs
eurent à subir les « crises » des deux derniers siècles du
Moyen Age. Mais au tableau désolant que l'on se plaisait
naguère à dresser des établissements ecclésiastiques au
lendemain de la guerre de Cent Ans, à suivre le titre évocateur de l'ouvrage du père Denifle, *La désolation des églises,
monastères et hôpitaux en France pendant la guerre de Cent
Ans...* paru en 1897-1899, succède désormais une image
moins sombre. Certes, les patrimoines fonciers furent
durement atteints ; mais reconstruits avec patience, ils
virent d'autres sources de revenus venir les étayer : rentes,
legs des fidèles et, pour les paroisses, fruits du casuel, ces

versements qui accompagnent les gestes majeurs de la vie religieuse.

Contrairement à une légende tenace, là encore, l'institution paroissiale connaît, aux derniers siècles du Moyen Age, des heures glorieuses. Les études qui ont été conduites à partir des comptes rendus dressés par quelques évêques de leurs visites pastorales à travers leur diocèse — tous les prélats ne furent donc pas mondains ni carriéristes... — attestent la présence d'un clergé plus nombreux et plutôt mieux formé qu'aux siècles précédents. Certes, dans ses rangs figurent maints pauvres clercs à la recherche d'un bénéfice ou de messes à célébrer contre quelques deniers, pour assurer leur subsistance. Comment s'étonner alors qu'ils en viennent à cumuler les fonctions, à supposer que ce soit majoritairement le fait des plus humbles, ce qui n'est absolument pas certain. Quoi qu'il en soit, cet usage, tant dénoncé comme l'un des grands maux de la période, ne fut sans doute pas aussi préjudiciable à la desserte paroissiale qu'on l'a cru. En effet, pour pallier son absence, le curé titulaire remunère fréquemment — à la portion congrue ! — un vicaire dont les mérites ne sont pas forcément moindres. Pour ce qui relève de la vie matérielle de la paroisse, celui-ci est en outre secondé par le conseil de fabrique. Cet organe, qui se met alors en place, est composé de laïcs et assure la gestion des biens et l'entretien des bâtiments. La vigoureuse rénovation du patrimoine monumental religieux, aux lendemains de la guerre de Cent Ans, témoigne avec éclat de son efficacité et, plus encore, de l'attachement des fidèles à leurs paroisses, sans lequel une opération de cette ampleur n'aurait pu être menée à bien.

Mais l'action pastorale des XIIIe-XVe siècles n'est pas le fait des seuls séculiers. A leurs côtés, les ordres religieux déploient un zèle qui ne va pas sans susciter l'hostilité de ces derniers tant ils se sentent dépossédés. Les initiatives ne partent guère des ordres monastiques traditionnels : plus en retrait, ils sont cependant loin d'être décadents et connaissent des créations nouvelles (les célestins à la fin du XIIIe siècle), des réformes, voire, pour les chartreux, un authentique rayonnement spirituel. La contribution majeure provient des ordres mendiants. Directement rattachés à la papauté, selon le principe de centralisation précédemment évoqué, ils en reçoivent de nombreux privilèges

qui leur permettent de se déployer en dehors des structures paroissiales. Ils font de la prédication leur domaine
d'élection, une parole qui, si elle a été convaincante, doit
conduire l'auditeur repentant à la confession. Dominicains, franciscains et, dans une moindre mesure, augustins
et carmes, répondent en cela à l'attente des fidèles, nombreux à se presser aux longs sermons donnés durant
l'avent, mais plus encore en carême, par les frères qui,
pour la circonstance, ont délaissé les couvents où ils se
forment aux techniques de l'art oratoire. Et il en est bien
besoin car ces enseignements, distincts du prône de la
messe dominicale, peuvent durer des heures pendant lesquelles force est de recourir aux anecdotes pour tenir
l'auditoire en éveil. Leur succès est tel auprès des foules
que les pouvoirs urbains en viennent à inclure dans leurs
budgets annuels la rémunération du « sermonneur » offi-
ciellement invité par la cité.

Outre les prédications, l'année liturgique est ponctuée
d'autres manifestations collectives. Le théâtre sort de
l'intérieur des églises pour donner naissance à de grands
spectacles où sont représentées la vie du Christ, celles de
la Vierge ou des saints (*Mystères* et *Miracles*). Etalés parfois
sur plusieurs journées, ces « jeux » sont conçus comme de
véritables célébrations liturgiques, précédés et suivis de
prières, voire interprétés en présence de reliques. Les autorités urbaines n'hésitent pas davantage à les subvention-
ner, devant leur popularité et face aux foules de clients
potentiels qu'elles drainent vers les villes où ils se dérou-
lent. Amples rassemblements également que les processions alors en constante multiplication ; tout est bon pour
« processionner » : les principales fêtes religieuses, spécialement celle du Saint-Sacrement ou Fête-Dieu, d'autres à
caractère plus civique, comme la célébration du saint
patron de la ville ou du village, enfin, l'imploration des
secours célestes face à des dangers, dont on a vu qu'ils ne
manquaient pas... Chaque corps constitué, paroisses,
communautés professionnelles ou institutions urbaines,
s'attache alors à paraître sous son meilleur jour, tandis que
les usages de la préséance établissent entre eux une rigou-
reuse hiérarchie. Ces différentes manifestations, dans lesquelles s'illustre avant tout le monde urbain, contribuent
à élaborer une culture commune où se mêlent éléments
religieux et identité civique, celle-ci non dépourvue d'un

certain « esprit de clocher », avec la bénédiction, espérée !, du saint patron local.

Le dynamisme incontestable de la vie religieuse aux derniers siècles du Moyen Age traduit de la part des fidèles une insatiable quête de salut qui se manifeste par une accumulation de bonnes œuvres, plus prononcée sans doute dans les régions méridionales que dans le Nord. Mais, à la différence des siècles antérieurs, les gestes de la charité sont délaissés au profit de ceux de la liturgie. En effet, le sacrifice eucharistique s'affirme, depuis le XIIIe siècle, comme la prière par excellence. Outre la présence régulière aux célébrations paroissiales, dont il est quasiment impossible d'estimer la réalité ni la régularité, il est bon de voir sa mémoire rappelée dans les services qu'assure inlassablement tout un peuple de chapelains. Pour ce faire, les plus fortunés entretiennent des fondations privées à l'intention de leur famille ; les plus modestes se groupent dans le cadre de confréries, placées sous la garde tutélaire d'un ou de plusieurs saints patrons. S'il est mieux de voir débuter ces prières de son vivant, il est indispensable d'en bénéficier au moment de son décès et ultérieurement, alors que se joue la destinée éternelle. Par testament ou autre donation, chacun veille alors à régler l'ordonnance de sa cérémonie funèbre, afin de ne pas mourir seul ni à l'abandon : les plus grands, rois ou princes, font suivre leur dépouille de longs cortèges de pleurants. Mais les dernières volontés ne s'en tiennent pas là et traitent également des secours à porter à l'âme, une fois séparée du corps. En effet, l'introduction dans la géographie de l'au-delà, à l'initiative des cisterciens relayés par les ordres mendiants, d'un troisième lieu, le purgatoire, où les âmes qui ne sont pas vouées directement à l'enfer, purgent les peines dues à leurs fautes en attendant l'accès au paradis, favorise la création de réseaux de solidarité de prières entre vivants et morts. Ils se fondent sur la mise en œuvre du dogme chrétien de la Communion des Saints selon lequel les mérites des uns se reportent sur les autres, et permettent de limiter leur temps de souffrances au purgatoire. A cet égard l'intercession des saints s'avère particulièrement propice, surtout si la visite de leurs sanctuaires s'accompagne de l'obtention d'indulgences, ces « pardons » propres à réduire l'ampleur des peines encourues. C'est pourquoi l'essor de leur culte ne se dément pas, bien qu'il

soit devancé par celui du Christ et de la Vierge, mère protectrice qui abrite le peuple de ses fidèles sous son grand
manteau, selon l'image alors courante dite de la Vierge de
Miséricorde.

Les cheminements divers des âmes les plus exigeantes

Cependant, si riche soit-elle, la panoplie des gestes habi-
tuels de dévotion ne satisfait pas totalement certaines
consciences à la recherche d'une vie spirituelle plus
intense. Les témoignages qu'elles ont livrés, plus abondants qu'aux époques antérieures, permettent de mieux en
comprendre les exigences.

Se dessine un premier ensemble de fidèles, sans doute
les plus nombreux, qui cultivent dans le privé de leur
demeure une vie de dévotion plus nourrie que celle qui est
requise du commun des laïcs par le magistère. Ils peuvent
s'unir à la prière quotidienne régulière de l'Eglise, célébrée
dans toutes les communautés religieuses, grâce à ces livres
d'Heures qui leur proposent en langue vernaculaire les
offices des grandes fêtes du Christ et de la Vierge, des
saints ou des morts. Il n'est pas jusqu'à la décoration des
plus soignés d'entre eux qui n'invite à la méditation par la
présence de petites scènes historiées à côté des textes dont
elles viennent, en un subtil dialogue, enrichir le sens. La
floraison simultanée d'objets de dévotion, statuettes, petits
retables peints et sculptés, ou reliquaires portatifs, laisse
deviner ce que devait être le décor de ces oratoires domestiques. Mais il serait erroné d'imaginer cette vie dévote
purement solitaire. Elle vient, semble-t-il, en complément
de la vie paroissiale et reçoit le soutien de structures associatives, tel le tiers ordre, ce troisième ordre fondé, à côté
de ceux des hommes et des femmes, à destination des
laïcs, par les ordres mendiants, particulièrement florissant
en Italie. Dans les régions rhénane et flamande, elle donne
lieu à la constitution de pieux réseaux (les Amis de Dieu,
par exemple) rassemblés autour d'un maître spirituel qui
en assure la direction. Le plus souvent formés à l'intérieur
d'une ville, autour des couvents mendiants ou des
chartreuses, ces cercles s'élargissent parfois à de plus vastes horizons. Leurs membres sont entretenus en communion de pensée grâce à la circulation d'images de dévotion
commentées ou à de pieux opuscules dus à la plume d'un

religieux. Les débuts de l'imprimerie vont amplifier considérablement la diffusion de toute cette littérature.

Dans leur quête du divin, quelques esprits privilégiés
furent gratifiés d'expériences mystiques. Le phénomène
n'est pas propre à l'époque, mais il connut une floraison
exceptionnelle dans le monde rhénan, au sein des couvents
dominicains, comme l'illustrent les grands noms de Maître
Eckhart († 1327), Suso († 1366) et Tauler († 1361). Tous trois
tentèrent, dans leurs écrits, de communiquer ces expériences aux bords de l'ineffable, contribuant ainsi à enrichir le
vocabulaire du discours mystique. En revanche, l'époque
marque une étape décisive dans la diffusion de ces états hors
des milieux monastiques et religieux : des laïcs, notamment
des femmes (sainte Brigitte de Suède ou sainte Catherine de
Sienne, ainsi que des tertiaires franciscaines et dominicaines), furent l'objet d'expériences comparables que leurs
directeurs de conscience poussèrent à consigner par écrit
quand ils ne le firent pas eux-mêmes. Or, fréquemment, ces
femmes inspirées font également preuve de dons de vision-
naires qui, lorsqu'ils se colorent de notations politiques trop
concrètes, finissent par jeter le discrédit sur elles. Jeanne
d'Arc n'est pas seule à s'être sentie « élue par le Ciel » pour
une mission prophétique.

Les sommets de la vie mystique où l'âme développe avec
le divin une relation personnelle si étroite qu'elle se passe
de toute autre médiation, ne reçurent pas systématiquement l'aval du magistère ecclésiastique. Certains auteurs
virent leurs œuvres condamnées, tel Maître Eckhart ; à
tout le moins, celles-ci parurent difficilement compatibles
avec l'action pastorale à destination du plus grand nombre, en raison des débordements affectifs et critiques auxquelles elles étaient susceptibles de conduire. En réaction
à ce courant, l'école flamande de la *Devotio moderna*, qui
doit beaucoup à l'action de Gérard Groote (1340-1384) et à
l'influence de son maître spirituel Ruysbroeck (1293-1381),
plaça délibérément son enseignement sur le terrain moral,
invitant à la pratique de l'humilité et du renoncement sur
le modèle de la vie du Christ. Il n'est pas anodin que le
principal manuel de dévotion qui en est issu, dû au chanoine régulier Thomas a Kempis († 1471), et dont
l'influence se fit sentir bien au-delà du Moyen Age, tout au
long des temps modernes, ait pour titre l'*Imitation de
Jésus-Christ*. Cet état d'esprit marque la fondation du

groupe des Frères de la Vie Commune où clercs et laïcs rassemblés ont accompli un ample travail pédagogique : Erasme ne fut-il pas leur élève...

Dans leur quête de salut, certains, des clercs, empruntent enfin d'autres voies et poursuivent la tradition des mouvements anticléricaux et hérétiques qui ont déjà traversé l'époque médiévale. Mais leur discours critique touche alors à la conception même de l'Eglise dont ils jugent la réalité terrestre pervertie et indigne de sa tâche, et qu'ils prennent soin de distinguer de l'Eglise invisible des élus. Des voix se font entendre en ce sens parmi le courant contestataire des franciscains baptisés Spirituels, qui accusent l'ordre, soutenu par la papauté, d'avoir trahi l'esprit de son père fondateur. Mais autrement plus radicale se trouve être celle de l'Anglais John Wiclif († 1384) qui, face à l'Eglise de son temps, corrompue, oppose le groupe de ceux qui, seuls connus de Dieu, sont sauvés et auxquels seuls profitent les sacrements. En conséquence, pour permettre à ceux qui le souhaitent d'y accéder, il entend porter la Bible à la connaissance de tous. Ces idées lui attirèrent la réprobation des pouvoirs religieux et civils, d'autant que ses partisans, sous le nom de « pauvres prêtres » ou lollards, furent assimilés aux révoltés de 1381. Mais elles resurgirent bien loin de son île, au cœur de l'Europe centrale, en Bohême, dans la pensée de Jan Hus (1369-1415). La prédication enflammée de l'universitaire pragois, condamné au bûcher par le concile de Constance, trouva un terrain d'élection dans le développement du nationalisme tchèque. Après sa mort, ses partisans menèrent les « guerres hussites » dont ils sortirent victorieux : pour la première fois, la papauté dut s'incliner.

Sans tomber dans de tels excès, beaucoup de bons esprits s'accordent, à la fin du XVe siècle, dans tout l'Occident, pour appeler de leurs vœux une nouvelle réforme de l'Eglise. Dans les diocèses de Rodez, de Senlis ou de Meaux, quelques prélats s'efforcent déjà d'en jeter les fondements : ils parcourent leurs paroisses sans relâche et instruisent le clergé. Ainsi, depuis les fidèles soucieux de se confier à une institution qui leur assure réellement le salut, jusqu'à leurs pasteurs conscients de leur responsabilité, l'attente est grande d'une rénovation de l'encadrement religieux. Le mûrissement des réformes protestante et catholique est déjà à l'œuvre...

CHAPITRE XIV

L'OUVERTURE D'HORIZONS NOUVEAUX

Le millénaire médiéval, dont l'empreinte est si profonde dans la culture occidentale, s'achève par l'ouverture de l'Europe sur des horizons nouveaux, qui touchent aussi bien à des réalités purement géographiques, la découverte de terres demeurées jusqu'alors inconnues, qu'à des zones encore inexplorées de l'activité de l'esprit et de la créativité humaine. Le phénomène, qui illustre derechef la singularité des derniers siècles du Moyen Age, affecte à des degrés divers les différentes régions de la chrétienté. Alors que les péninsules italienne et ibérique, chacune en son propre domaine, en prennent la tête avec vigueur, les mondes septentrionaux se laissent gagner plus lentement, non sans développer en leur sein des modes d'expression originaux, mais davantage en continuité avec les temps antérieurs.

Les derniers feux de la culture médiévale

Après l'élaboration des grandes synthèses théologiques et encyclopédiques du XIIIᵉ siècle, la vie intellectuelle de la période suivante paraît plus terne. Le XIVᵉ siècle fut cependant animé par un vif débat portant sur le problème de la connaissance. Il oppose les maîtres influencés par la pensée platonicienne, pour laquelle l'ombre des idées divines parvient jusqu'à l'homme, à condition qu'il produise l'effort nécessaire à leur perception, aux tenants du nominalisme qui refusent aux mêmes idées une quelconque réalité, sauf linguistique, celle de purs noms. Le meilleur interprète de cette pensée fut le franciscain anglais Guillaume d'Ockham († 1348). Une telle interrogation sur l'accès au savoir ouvre la voie à un intérêt nouveau pour la méthode expérimentale et pour des disciplines jusqu'alors peu pratiquées, telles les mathématiques ou la physique. La théologie ne règne donc plus en souveraine dans le monde des écoles, d'autant que la méthode scolastique, qui s'était avérée en son temps si fructueuse, en vient à la fin du XVe siècle à se réduire à un jeu desséché. Il se développe alors un courant de pensée hostile à de telles spéculations jugées stériles, qui se tourne vers les élans de la mystique, on l'a vu, et la théologie pastorale, illustrée à Paris par les membres du collège de Navarre dont le chancelier de l'université Jean Gerson († 1429).

Mais la vie culturelle ne se cantonne plus à ses champs d'action traditionnels ; elle doit désormais répondre à des demandes jusqu'alors inconnues. Celles-ci émanent de groupes sociaux fraîchement promus à des fonctions qui requièrent la maîtrise d'un certain savoir : médecins, hommes de loi et serviteurs des souverains et des princes. Nombre d'entre eux se forment auprès des facultés de droit, alors florissantes. En outre, leurs curiosités dépassent les disciplines purement techniques des « deux lois », le droit canon et le droit civil, pour s'étendre à la géographie, l'histoire, voire même la littérature. Pour satisfaire ce nouveau public, les hommes de lettres, à l'instar des premiers humanistes, on le verra, traduisent les œuvres des auteurs de l'Antiquité ainsi que celles de leurs prédécesseurs directs ; ils adaptent également la littérature chevaleresque ou, pour faire œuvre originale, cultivent la poésie et renouent avec les genres délaissés du théâtre et du roman satirique, ou de la nouvelle. Ainsi, les XIVe et XVe siècles voient s'individualiser les littératures nationales qui s'illustrent de prestigieux représentants : Pétrarque, Boccace et Dante en Italie, Chaucer en Angleterre, Charles d'Orléans ou François Villon, en France, pour ne citer que quelques noms. Des bibliothèques privées se multiplient parmi les membres de l'aristocratie et jusque dans les milieux aisés de la bourgeoisie : l'accès aux textes n'intervient plus uniquement lors de rassemblements collectifs, fêtes ou sermons, mais également dans l'intimité d'un cabinet de lecture.

Le monde de la production artistique connaît les mêmes stimulants. Le soin qui entoure l'espace domestique, la préoccupation de mémoire personnelle et les aspirations de la dévotion individuelle, qui, des sphères de l'aristocratie, gagnent les couches supérieures de la population urbaine, ouvrent la voie à la création de nombreux objets précieux. Les ivoiriers sculptent une multitude de statuettes et d'autels portatifs, quand ils ne décorent pas des objets de toilette, coffrets, miroirs, peignes ou épingles. Les enlumineurs ornent de motifs végétaux et de petites scènes religieuses ou profanes les livres d'Heures et autres manuscrits qui sont confectionnés en nombre croissant ; les plus somptueux d'entre eux, *Les Très Riches Heures du duc de Berry* ou *Les Heures d'Etienne Chevalier* font appel aux plus grands artistes de l'époque dont les frères Limbourg, Jean Colombe ou Jean Fouquet. Pièces uniques, véritables objets de collection, elles sont également pour les princes, plus prosaïquement, des lieux d'investissement. Les peintres immortalisent tel riche bourgeois ou tel seigneur dans des œuvres qui marquent les débuts, en Occident, de l'art du portrait. C'est en effet du XIVᵉ siècle que proviennent notamment les premières représentations réalistes de souverains, en France, celles de Jean II le Bon ou de Charles V, dans lesquelles l'artiste n'hésite pas à reproduire avec vérité le visage du prince, sans concession pour ses éventuelles disgrâces !

Partant du canon commun d'un art gothique dit international, dont le principal foyer de rayonnement demeure tout au long de la période la cour de France, les différents royaumes affirment cependant de plus en plus nettement leur singularité. L'architecture en donne une illustration significative. Le foisonnement du gothique flamboyant prévaut dans le royaume de France, tandis que celui d'Angleterre donne naissance au gothique dit perpendiculaire, en raison de l'angle que forme la voûte avec les murs goutteraux de l'édifice, et que les régions méridionales préfèrent les structures plus sobres des églises-halles, particulièrement bien adaptées à la prédication des ordres mendiants (basilique d'Assise). Les commandes proviennent moins exclusivement de l'Eglise : une architecture civile s'épanouit, qui conçoit châteaux princiers, palais communaux ou hôtels particuliers pour les plus riches citadins.

Cependant l'art de bâtir n'est plus le premier moteur de la création. La principale innovation provient alors du monde de la peinture avec le développement de la peinture de chevalet, à côté de la production de grands cycles pariétaux dans les églises ou les palais, tel le palais des papes en Avignon. En la matière, l'« art nouveau » né au XVᵉ siècle en Italie et évoqué plus loin, ne doit pas dissimuler la fécondité des foyers flamands ou danubiens, ce dont témoignent quelques-uns de leurs plus illustres représentants, la dynastie des Parler en Bohême (xvᵉ siècle), Van der Weyden († 1464) et Van der Goes († 1482) en Flandre ou Schongauer († 1491) dans la vallée du Rhin. Tous connurent un prestige incontesté, même au sud des Alpes. Par certains côtés, leurs œuvres restent encore proches du gothique, mais le goût du détail et la recherche du volume dans le rendu des objets, des paysages ou des étoffes traduit déjà des préoccupations traditionnellement attribuées à l'art de la Renaissance italienne, comme l'illustre l'un des chefs-d'œuvre de ces écoles du Nord, le retable de l'Agneau Mystique des frères Van Eyck. Sous l'impulsion d'hommes venus des mêmes régions, tel Claus Sluter († 1406), la sculpture connaît aussi un renouvellement dont attestent l'art des tombeaux (ceux des ducs de Bourgogne, notamment), ou les multiples statues pathétiques du Christ souffrant sur la croix, couronné d'épines ou mort dans les bras de sa mère, la Pietà, une création iconographique de l'époque.

Cette attention portée aux choses de ce monde, jusque dans l'art d'Eglise, ne rejoint-elle pas, sous des formes différentes, l'intuition principale des courants humanistes qui rayonnent depuis la péninsule italienne ?

Les premières générations de l'humanisme

Les grandes familles qui règnent sur les villes italiennes, à Milan, Mantoue, Ferrare, Urbin ou, la plus réputée d'entre elles, Florence, rivalisent pour entretenir à leurs cours des hommes de lettres et des artistes de renom. Elles donnent ainsi naissance à un milieu fécond où s'élabore une manière de penser bien étrangère aux siècles précédents, l'humanisme. Le terme provient de l'italien *umanista*, professeur de rhétorique, à savoir enseignant les Belles Lettres, mais son sens s'est vite élargi, pour désigner, qu'ils soient « rhétoriqueurs » ou non, tous les défenseurs des idées nouvelles.

La « Renaissance » qui éclot en Italie au xvᵉ siècle, le *Quattrocento*, ne saurait se réduire à l'une de ces « redécouvertes » de l'Antiquité qui ponctuent l'histoire culturelle médiévale. Dès les temps carolingiens, plus encore à partir du xiiᵉ siècle, on l'a vu, la pensée médiévale a largement puisé à la source des auteurs classiques grecs et romains. Les contacts avec l'Orient chrétien ou musulman n'ont cessé d'enrichir le corpus des œuvres connues des savants occidentaux. Et l'afflux de lettrés byzantins, fuyant en Italie l'avancée turque, dès la seconde moitié du XIVᵉ siècle, contribua également au renouveau de l'étude de la langue et de la culture grecques. Ce qui distingue les humanistes des générations antérieures relève plutôt de leur méthode d'accès au savoir et de leurs centres d'intérêt. A l'égard de toute connaissance, ils exercent un esprit d'examen rigoureux pour mieux juger de sa validité. Aussi, lorsqu'ils s'attachent aux textes qui font autorité, fussent-ils ceux des Ecritures chrétiennes, ils s'efforcent d'en trouver la version la plus sûre, dans sa pureté philologique, dépouillée des commentaires accumulés par des siècles de glose. Leurs investigations les entraînent, entre autres, à mettre au jour les « faux » qui ont été forgés — pour la bonne cause ! — par les chancelleries médiévales afin de légitimer des possessions, telle, à l'époque carolingienne, la célèbre « donation de Constantin » qui attribue au premier empereur chrétien la concession à l'évêque de Rome des Etats pontificaux. Le travail des humanistes repose donc sur la maîtrise des langues anciennes, le latin, il va de soi, mais aussi le grec ou l'hébreu. Leur approche critique nourrit également un vif intérêt pour toutes les sciences de la nature. Soucieux de comprendre l'individu dans sa quête de savoir et de vérité, seul ou en société, ils vont enfin développer une réflexion morale et politique qui chez certains s'affranchit totalement du dogme chrétien (Machiavel, † 1527). Rien de ce qui concerne l'aventure de l'humanité n'échappe à leur soif de comprendre. Sans rompre ouvertement avec la doctrine de l'Eglise, l'humanisme ne lui accorde plus la même place que les siècles antérieurs et ouvre la voie au libre examen des Réformés, voire à une critique plus radicale encore, l'athéisme.

Hors d'Italie, ces idées gagnent quelques cercles de lettrés, en France, en Angleterre et dans l'Empire. Tous se passionnent pour la transmission du savoir et le renouvellement des méthodes pédagogiques. En contacts épistolaires réguliers les uns avec les autres, ils trouvent un puissant agent de diffusion de leurs idéaux dans la mise au point de la technique de l'imprimerie. Les bois gravés permettaient déjà, depuis le XIIᵉ siècle, la multiplication commode d'images et de courts textes sur des feuilles

volantes, dont les milieux dévots firent grand usage. Mais,
à Mayence, entre 1447 et 1455, l'orfèvre Gutenberg élabore
des modes de reproduction d'une autre envergure par
l'assemblage de caractères mobiles et l'usage de la presse.
En réponse aux vifs besoins de livres, l'imprimerie se
répand comme une traînée de poudre dans tous les grands
centres urbains européens : Bâle, Anvers, Paris, Lyon et
surtout Venise, l'un de ses principaux foyers. Les premiers
ouvrages produits (tous ceux qui datent d'avant 1500 sont
baptisés incunables, du latin *incunabulum*, berceau) adop-
tent encore une présentation calquée sur celle des
manuscrits, avant que l'expérience des imprimeurs alliée
à celle des philologues — les hommes se connaissent et
s'estiment mutuellement— ne fixent des codes de transcription, de ponctuation et de présentation toujours en
vigueur.

Mais ce nouveau courant de pensée n'est pas le monopole des intellectuels. Sa vision globale de l'homme dans
le monde ne pouvait manquer d'influencer les artistes,
d'autant que tous travaillent sur les mêmes lieux. Les créations issues de ces sphères n'appartiennent plus totalement au Moyen Age, même si elles datent des XIVe et
XVe siècles. L'intérêt que les humanistes portent à la personne humaine s'est manifesté très tôt dans le domaine de
la peinture. Au début du XIVe siècle, les œuvres de Giotto
frappent par leur plasticité et leur souci d'individualiser les
figures représentées. Ses recherches sont poursuivies par
les peintres du XVe siècle, dont le Toscan Piero della Fran-
cesca († 1492). Leur réflexion s'est plus spécialement foca-
lisée sur la représentation de l'espace : c'est ainsi qu'ils
auraient inventé la perspective linéaire, faisant en cela
preuve d'une plus haute technicité que leurs prédécesseurs
médiévaux... En réalité, rendre la profondeur n'était pas la
préoccupation majeure de ces derniers jusqu'au moment
où, par des effets de couleurs (fonds bleutés) et de réduction de la taille des éléments, les Flamands, suivis par
d'autres écoles, y sont parvenus. Pour leur part, les peintres italiens s'attachent à construire leurs œuvres selon une
vision très architecturale de l'espace, marquée de savantes
considérations mathématiques, jusque dans la perception
et la diffusion de la lumière. Il en va de même pour les
édifices, dont l'une des grandes réussites est le dôme de
Florence et sa coupole à laquelle travailla Brunelleschi

(† 1446). La conception de ces constructions, nourrie de philosophie, repose sur la volonté d'intégrer le bâtiment et ses occupants dans une harmonie cosmique en fonction de correspondances établies entre les proportions de leurs volumes ainsi que celles du corps humain, et les lois mathématiques qui régissent l'harmonie de l'univers.

L'art de la Renaissance est le fruit d'un mouvement d'idées profondément imprégné de platonisme et d'une vision renouvelée de la place de l'homme dans le monde, un monde dont se découvre peu à peu l'extension insoup-çonnée.

L'élargissement du monde

Alors que la péninsule italienne donne le jour à l'huma-nisme, sa voisine ibérique lance sur les routes maritimes d'ambitieuses expéditions. Les découvertes qui en résul-tent sont portées par ce même état d'esprit de curiosité insatiable, aiguisé par les progrès de la réflexion scientifi-que et géographique sur la configuration de la Terre. Mais, pour passer aux actes, il fallait l'apport d'autres arguments, plus aptes à mobiliser les capitaux indispensables à l'arme-ment des navires et au recrutement des équipages.

Les bénéfices les plus fructueux du commerce interna-tional, on s'en souvient, sont alors réalisés sur les cargai-sons d'épices. Or, pour se les procurer, les Occidentaux demeurent tributaires d'intermédiaires : les Byzantins, considérablement affaiblis depuis la quatrième croisade, disparaissent de la scène après 1453 ; restent donc princi-palement les Musulmans, présents tant au Maghreb qu'au Proche-Orient. La perspective de pouvoir gagner directe-ment les sources d'approvisionnement, en Inde comme en Afrique, pousse à l'exploration de voies de communication nouvelles dont on espère qu'elles permettront aussi d'atteindre des marchés de main-d'œuvre servile et des mines d'or susceptibles de venir combler le manque de métal précieux dont souffrent les échanges. L'entreprise trouve également sa pleine justification dans le thème de la lutte contre l'Infidèle, auquel le monde ibérique, affronté jusqu'à la fin du Moyen Age, où s'achève la Reconquête, à la présence directe de l'Islam sur ses terres, demeure sans doute plus sensible que toute autre région d'Occident. Les projets s'appuient enfin sur l'espoir longtemps caressé de renouer, aux confins de l'Ethiopie, avec le royaume chrétien mythique du Prêtre Jean dont l'alliance permettrait de prendre l'ennemi en tenaille.

Les progrès considérables enregistrés par les techniques de la navigation depuis le XIIIe siècle vont permettre de donner corps à des expéditions lointaines. En effet, les marins se situent et se dirigent mieux en mer grâce à la boussole et à l'astrolabe (ou le « preneur d'étoiles », instrument qui permet de déterminer la hauteur des astres au-dessus de l'horizon). Ils bénéficient également de cartes maritimes de plus en plus nombreuses et précises, telle, pour la Méditerranée, la carte pisane établie à la fin du XIIIe siècle ; parallèlement, celles-ci font l'objet de commentaires (distance entre les ports et conditions de la navigation pour y parvenir) dans des ouvrages, nommés portulans, qui sont portés à la connaissance des navigateurs par l'intermédiaire des marchands présents à bord. Le gouvernail d'étambot, connu dès le XIIIe siècle, se diffuse plus largement : il permet au navire une tenue de route stable. Et, depuis le milieu du XVe siècle, les chantiers navals portugais produisent des navires de gros tonnage, munis de plusieurs mâts (trois ou quatre) et d'une voilure importante qui les rend aisément maniables, les caravelles. Ainsi, la navigation en Atlantique n'est plus autant redoutée : les navires commerciaux méditerranéens n'hésitent plus à contourner la péninsule ibérique pour se rendre directement dans les ports flamands, dont Bruges, évitant de la sorte de recourir aux transports terrestres, longs et coûteux.

Après une phase d'initiatives isolées qui conduisent, par exemple, des marins génois aux Canaries dès 1312, les entreprises de plus grande envergure reçoivent le soutien de l'Etat qui leur donne une impulsion décisive. Le Portugal ouvre la voie. Bloqué par la Castille dans son expansion vers l'est, il se tourne alors résolument vers la mer, grâce aux efforts de l'infant Henri le Navigateur († 1460) et du roi Jean II († 1495). Leurs ambitions sont servies par nombre de bons marins issus du cru ainsi que par l'immigration italienne vers les côtes portugaises, notamment celle des Génois chassés de Méditerranée par leurs concurrents vénitiens et florentins. Les premières expéditions mettent le cap sur les îles de l'Atlantique. En dépit de leurs efforts, les Canaries finissent par échapper aux Portugais, puisque la Castille se les fait définitivement attribuer par le concile de Bâle en 1436 ; en revanche, ils s'installent à Madère en 1419 et dans les Açores en 1427. Mais leur zone d'exploration se situe principalement en Afrique, où ils mènent une véritable Conquête — succédant à la Reconquête — inaugurée en 1415 par la prise de Ceuta, suivie beaucoup plus tard, en 1471, de celle de Tanger. La progression le long de la côte ouest du continent se poursuit régulièrement, jalonnée par la fondation simultanée de comptoirs : le cap Bojador est doublé en 1434, le cap Vert en 1444, les bouches du Sénégal reconnues peu après, l'équateur gagné en 1471, puis le cap de Bonne-Espérance en 1488, par Bartolomeu Dias ; s'ouvrent alors les portes de l'Inde, atteinte à Calicut, en 1498, par Vasco de Gama.

Hormis l'épisode des Canaries, l'entrée en scène de l'Espagne est plus tardive. Le pari de Christophe Colomb, rallier directement le Japon et la Chine par une navigation plein ouest, repose sur une série d'erreurs géographiques qui vont s'avérer heureuses. Repoussé au Portugal et en Angleterre, le Génois finit par rencontrer le soutien de la reine Isabelle de Castille. Après deux mois de navigation et bien des doutes, il conduit les trois caravelles parties de Palos de Moguer, la *Pinta*, la *Niña* et la *Santa Maria*, aux portes du Nouveau Monde, dans l'une des îles Bahamas, abordée le 13 octobre 1492. Deux ans plus tard, en 1494, par le traité de Tordesillas, la papauté scelle la répartition de ces zones nouvellement explorées entre Portugais et Espagnols, de part et d'autre d'une ligne imaginaire, passant à 370 lieues des îles du cap Vert. Les premiers croyaient tenir des richesses reconnues et laisser à leurs voisins de bien mystérieux pays... En tout état de cause, les fondements des futurs empires coloniaux lusitanien et espagnol sont alors posés. Une nouvelle page d'histoire, mondiale, commence à s'écrire.

Au terme de l'âge médiéval, d'immenses champs d'exploration s'ouvrent donc à la curiosité des générations à venir. Est-ce à dire pour autant que celles qui les ont précédées en furent dépourvues ? Point s'en faut ! Mais la perspective n'est plus la même : l'homme se place désormais au centre de l'univers : pour Léonard de Vinci, il est le modèle du monde. A la Quête du Graal succède une autre quête, que rien n'arrête...

> « C'est l'état qui nous est naturel, et toutefois le plus contraire à notre inclination ; nous brûlons du désir de trouver une assiette ferme, et une dernière base constante pour y édifier une tour qui s'élève à l'infini ; mais tout notre fondement craque et la terre s'ouvre jusqu'aux abîmes. »

> Blaise Pascal (1623-1662)
> *Pensées* (72, Disproportion de l'homme)

Bibliographie

Sources :

Outre les sources littéraires rendues aisément accessibles par diverses collections de poche (« Livre de Poche », « Lettres gothiques », « Stock-Plus-Moyen Age », « Garnier-Flammarion », « 10-18 », entre autres), des documents historiques sont présentés et traduits dans :

GUYOTJEANNIN Olivier, *Archives de l'Occident*, tome I, *Le Moyen Age (v^e-xve siècle)*, Paris, Fayard, 1992.

BRUNEL Ghislain et LALOU Elisabeth dir., *Sources d'histoire médiévale, ixe-milieu du xive siècle*, Paris, Larousse, 1992.

Choix de dictionnaires :

Il a paru bon de signaler certains dictionnaires généraux qui, bien qu'ils ne soient pas exclusivement consacrés à la période médiévale, sont fort utiles.

BONNASSIE Pierre, *Cinquante mots clés de l'histoire médiévale*, Toulouse, Privat, 1981.

Dictionnaire des biographies, 2, Le Moyen Age, Paris, A. Colin, 1993.

Dictionnaire des Lettres françaises : Le Moyen Age, Paris, Le Livre de Poche, édition mise à jour en 1992, « Encyclopédies d'aujourd'hui ».

Dictionnaire de la culture chrétienne, Paris, Le Cerf-Nathan, 1994.

Dictionnaire historique de la papauté, Paris, Fayard, 1994.

DUCHET-SUCHAUX Gaston et PASTOUREAU Michel, *Guide iconographique des saints*, Paris, Flammarion, 1990.

FEDOU René, *Lexique historique du Moyen Age*, Paris, Colin, 1990.

VAUCHEZ, André dir., *Dictionnaire encyclopédique du Moyen Age*, Paris, Le Cerf, 1997, 2 vol.

Atlas :

Atlas du Christianisme, Turnhout, Brepols, 1987.
Duby Georges éd., *Atlas historique*, Paris, Larousse, 1978.
Matthew D., *Atlas du Moyen Age*, Paris, Nathan, 1985.

Manuels d'ensemble :

Deux grandes collections, en cours de mise à jour, constituent le point de départ de l'information et de la bibliographie sur la période :
— la collection U, A. Colin : trois volumes chronologiques, plusieurs volumes thématiques et méthodologiques, divers volumes par pays.
— la collection « Nouvelle Clio », PUF, dont chaque titre est organisé en trois rubriques : bibliographie, état des connaissances, débats et recherches. L'histoire du Moyen Age est traitée dans les numéros 11 à 26.

Balard Michel dir., *Bibliographie de l'histoire médiévale en France (1965-1990)*, Paris, Publications de la Sorbonne, 1992.
Balard Michel dir., *L'Histoire médiévale en France : bilan et perspectives*, Paris, Seuil, 1991.
Balard Michel, Genet Jean-Philippe, Rouche Michel, *Le Moyen Age en Occident*, Paris, Hachette, 1990, « Hachette-Supérieur ».
Delort Robert, *La Vie au Moyen Age*, Lausanne, 1972 ; édition revue, Paris, Seuil, 1982, « Points-Histoire » 62.
Duby Georges, *Le Moyen Age (987-1460)*, Paris, Hachette, 1987 ; rééd. « Livre de Poche-Références » 8547.
Fossier Robert dir., *Le Moyen Age*, Paris, A. Colin, 1982-1983, 3 vol.
Gauvard Claude, *Histoire de la France médiévale*, Paris, PUF, 1996.
Genet Jean Philippe, *Le Monde au Moyen Age*, Paris, Hachette, 1991, « Carré-Histoire » 4.
Nouvelle Histoire de la France médiévale, Paris, Seuil, 1990, 5 vol., « Points-Histoire » 201 à 205.
Le Goff Jacques, *La Civilisation de l'Occident médiéval*, Paris, Arthaud, 1972 ; rééd. poche « Les grandes civilisations ».

LE JAN Régine et KERHERVÉ Jean, *Histoire de la France*, Paris, Hachette, 1996-1998, 2 vol., « Carré-Histoire ».

Voir les volumes consacrés au Moyen Age dans les collections suivantes :

Histoire de la famille, Paris, Colin, 1986 ; rééd. « Livre de Poche-Références » 421 : tome 2 *Temps médiévaux, Orient/Occident.*

Histoire de la France religieuse, Paris, Seuil, 1988.

Histoire de la France rurale, Paris, Seuil, 1975 ; rééd. « Points-Histoire », 166 et 167.

Histoire de la France urbaine, Paris, Seuil, 1980.

Histoire de la population française, Paris, PUF, 1998.

Histoire de la vie privée, Paris, Seuil, 1985.

Histoire du christianisme, Paris, Desclée-Fayard, puis Desclée, 1990-1994.

Quelques études particulières :

Afin de ne pas surcharger la liste, toutes les biographies ont été éliminées, bien qu'elles livrent fréquemment, à propos du personnage présenté, un tableau complet de son époque.

BALARD Michel, *Croisades et Orient latin, XIᵉ-XIVᵉ siècle*, Paris, Colin 2001, « Collection U ».

BANNIARD MICHEL, *Genèse culturelle de l'Europe, Vᵉ-VIIIᵉ siècle*, Paris, Seuil, 1989, « Points-Histoire » 127.

BEAUNE Colette, *Naissance de la nation France*, Paris, Gallimard, 1991, rééd. « Folio-Histoire » 56.

BIALOSTOCKI Jan, *L'Art du XVᵉ siècle, des Parler à Dürer*, Paris, Le Livre de Poche, 1993, « Encyclopédies d'aujourd'hui ».

BLOCH Marc, *La Société féodale*, Paris, Albin Michel, 1939-1940 ; rééd. « Bibliothèque de l'Evolution de l'humanité ».

BOURIN Monique et DURAND Robert, *Vivre au village au Moyen Age*, Paris, Messidor-Temps Actuels, 1984.

BOYER Régis, *Les Vikings : histoire et civilisation*, Paris, Plon, 1992.

CHAILLEY Jacques, *Histoire musicale du Moyen Age*, Paris, PUF, 1984.

COLLARD Franck, *Pouvoirs et culture politique dans la France médiévale, Vᵉ-XVᵉ siècle*, Paris, Hachette, 1999, « Carré-Histoire ».

DAHAN Gilbert, *La Polémique chrétienne contre le judaïsme*, Paris, Albin Michel, 1991.

DELUMEAU Jean-Pierre et HEULLANT-DONAT Isabelle, *L'Italie au Moyen Age*, Paris, Hachette, 2000, « Carré-Histoire ».

DEMURGER, Alain, *Vie et Mort de l'ordre du Temple*, Paris, Seuil, 1989, « Points-Histoire » 123.

DUBY Georges, *Guillaume le Maréchal ou le Meilleur Chevalier du monde*, Paris, Fayard, 1984 ; rééd. « Folio-Histoire » 11.

DUBY Georges, *Le Dimanche de Bouvines*, Paris, Gallimard, 1973 ; rééd. « Folio-Histoire » 1.

DUBY Georges, *Le Temps des cathédrales*, Paris, Gallimard, 1976.

DUBY Georges, *Saint Bernard. L'art cistercien*, Paris, Arts et Métiers Graphiques, 1976 ; rééd. « Flammarion-Champs » 77.

DURLIAT Marcel, *Des Barbares à l'An Mil*, Paris, Mazenod, 1985.

DURLIAT Marcel, *L'Art roman*, Paris, Mazenod, 1982.

ERLANDE BRANDENBOURG Alain, *L'Art gothique*, Paris, Mazenod, 1983.

FAVIER Jean, *De l'or et des épices : naissance de l'homme d'affaires au Moyen Age*, Paris, Fayard, 1987.

FOLZ Robert, *Le Couronnement impérial de Charlemagne*, Paris, Gallimard, 1964 ; rééd. mise à jour 1989, « Folio-Histoire », 26.

GUENÉE Bernard, *Histoire et Culture historique dans l'Occident médiéval*, Paris, Aubier-Montaigne, 1980.

GUYOTJEANNIN Olivier, *Les Sources de l'histoire médiévale*, Le Livre de Poche, « Références », Paris, 1998.

HUIZINGA Johan, *L'Automne du Moyen Age*, Paris, Payot, 1980, réédition, précédée d'un entretien avec Jacques Le Goff, de la traduction française publiée en 1932 ; première publication aux Pays-Bas en 1919.

LECLERCQ dom Jean, VANDENBROUCKE dom François, BOUYER Louis, *La Spiritualité du Moyen Age*, Paris, Aubier, 1961.

LE GOFF Jacques, *Marchands et Banquiers au Moyen Age*, Paris, PUF, 1993, Que Sais-Je 699.

LE GOFF Jacques, *Les Intellectuels au Moyen Age*, Paris, Seuil, 1957 ; rééd. « Points-Histoire » 78.

LE GOFF Jacques, *Pour un autre Moyen Age. Temps, travail*

et culture en Occident, Paris, Gallimard, 1977 ; rééd. « Tel » 181.

LIBERA Alain de, *La Philosophie médiévale*, Paris, PUF, 1993.

LOBRICHON Guy, *La Religion des laïcs en Occident, xIᵉ-xVᵉ siècle*, Paris, Hachette, 1994, « La vie quotidienne ».

MALE Emile, *L'Art religieux du xIIᵉ siècle en France*, Paris, Colin, 1923.

MALE Emile, *L'Art religieux du xIIIᵉ siècle en France*, Paris, Colin, 1910 ; rééd. « Livre de Poche-Série Arts », 1968.

MALE Emile, *L'Art religieux de la fin du Moyen Age en France*, Paris, Colin, 1949.

MOLLAT Michel, *Les Pauvres au Moyen Age*, Paris, Hachette, 1978 ; rééd. « Complexe-Historique » 11.

MOLLAT Michel, *Genèse médiévale du monde moderne*, Paris, Arthaud, 1970 ; rééd. « Points-Histoire » 28.

PACAUT Marcel, *Les Ordres monastiques et religieux au Moyen Age*, Paris Nathan, 1970 ; mise à jour 1993.

PARISSE Michel dir., *De la Meuse à l'Oder, l'Allemagne au xIIIᵉ siècle*, Paris, Picard, 1994.

PERIN Patrick-FEFFER Laure-Charlotte, *Les Francs*, Paris, Colin, 1987, 2 vol.

RICHE Pierre, *Les Carolingiens, une famille qui fit l'Europe*, Paris, Hachette, 1983.

ROSSIAUD Jacques, *La Prostitution médiévale*, Paris, Flammarion, 1988 ; rééd. « Flammarion-Champs » 217.

ROUX Simone, *Le Monde des villes au Moyen Age, xIᵉ-xVᵉ siècle*, Paris, Hachette, 1994, « Carré-Histoire » 24.

SIGAL Pierre-André, *Les Marcheurs de Dieu*, Paris, Colin, 1974.

VAUCHEZ André, *La Spiritualité du Moyen Age occidental, vIIIᵉ-xIIIᵉ siècle*, Paris, Seuil, 1994, « Points-Histoire » 184.

VERGER Jacques, *Les Universités au Moyen Age*, Paris, PUF, 1973.

ZINK Michel, *Introduction à la littérature française du Moyen Age*, Nancy, 1990, rééd. « Le Livre de Poche-Références » 500.

Repères chronologiques[1]

1. Abréviations utilisées : ap. = après ; s. = siècle ; v. = vers. En général, les règnes précisés par les tableaux généalogiques n'ont pas été retenus.

Dates	Faits militaires et politiques	Faits économiques et sociaux	Faits religieux et culturels
392			Interdiction des cultes païens dans l'Empire romain.
395	Mort de Théodose ; partage de l'Empire romain.		
397			Mort de saint Martin.
fin IVe s.		Début de l'installation de groupes barbares (régime de l'hospitalité).	
406	Traversée du Rhin par les Germains.		
407	Évacuation de la Bretagne (actuelle Angleterre) par les Romains.		
410	Sac de Rome par Alaric.		
418-419	Wisigoths en Gaule, et dans la péninsule ibérique.		
429	Vandales en Afrique du Nord.		
430			Mort de saint Augustin.
432			Évangélisation de l'Irlande par saint Patrick.
451	Attila, chef des Huns, en Gaule (vaincu au *Campus Mauriacus*).		
476	Fin de l'Empire d'Occident.		
481	Clovis, roi des Francs de Tournai.		

v. 486	Clovis maître du royaume de Syagrius.		Mort de Sidoine Apollinaire.
493	Installation de Théodoric (Ostrogoth) en Italie.		
v. 496	Victoire de Clovis sur les Alamans (Zulpich ; autrefois dite Tolbiac).		
498-499 ?			Baptême de Clovis à Reims.
507	Victoire des Francs à Vouillé : conquête de l'Aquitaine.		
v. 510		Première version de la *Loi salique*.	
511	Mort de Clovis.		
526	Mort de Théodoric.		
527	Début du règne de Justinien.		
529-533		Rédaction du *Code Justinien*.	
v. 529			Fondation du monastère du Mont Cassin.
530-537	Conquête du royaume burgonde, de la Provence et de la Thuringe par les Francs.		
530-560			Règle de saint Benoît.
533	Reconquête de l'Afrique par Justinien.		
556			Début de la christianisation des Suèves par Martin de Braga.

Dates	Faits militaires et politiques	Faits économiques et sociaux	Faits religieux et culturels
559		Peste en Occident.	
563	Reconquête de l'Italie par Justinien.		
565	Mort de l'empereur Justinien.		
568	Avars en Pannonie et Lombards en Italie.		
589			Conversion du Wisigoth Récarède.
590 et ap.			Saint Colomban en Gaule.
594			Mort de Grégoire, évêque de Tours depuis 573.
596			Mission du futur saint Augustin de Cantorbéry chez les Angles.
599-605		Peste en Occident.	
604			Mort de saint Grégoire le Grand.
610			Début de la prédication de Mahomet à La Mecque.
622			Hégire.
629-639	Dagobert seul roi des Francs.		
632			Mort de Mahomet.
634	Conquête de la Syrie et de l'Irak par les Arabes.		

v. 634		Fondation de la foire du Lendit à l'abbaye de Saint-Denis.	
636	Mort de Pépin Ier, maire du palais.		Mort d'Isidore de Séville.
640			
642	Conquête de l'Egypte par les Arabes.		
v. 650		Début de la frappe monétaire des *sceattas* par les Frisons.	
652			Conversion des Lombards au christianisme.
670-686	Raids arabes sur le Maghreb.		
672	Premier sacre royal pour le roi wisigoth Wamba.		
680	Pépin II, maire du palais.		
690			Evangélisation de la Frise par saint Willibrord.
695		Emission de la monnaie d'or arabe, le dinar.	
711		Fin de la frappe de l'or en Occident.	
711-713	Conquête arabe de l'Espagne.		
717	Echec des Arabes à Constantinople.		
v. 720			Début de l'évangélisation de la Germanie par saint Boniface.

Dates	Faits militaires et politiques	Faits économiques et sociaux	Faits religieux et culturels
726			Début de l'iconoclasme dans l'Empire byzantin.
732	Charles Martel met fin à un raid arabe dans la région de Poitiers.		
735			Mort de Bède le Vénérable.
739	Les Arabes atteignent Samarkand.		
743		Dernière peste en Occident avant le XIVe s.	
v. 750		Expansion du commerce frison.	
751	Sacre royal de Pépin III, dit le Bref, à Soissons par les évêques francs.		
754	Second sacre de Pépin, et de ses deux fils, par le pape à Saint-Denis.		Mort de saint Boniface.
756	Pépin le Bref contre les Lombards.		Création du patrimoine de Pierre.
v. 760			Obligation de la dîme.
766			Mort de saint Chrodegang, évêque de Metz.
771	Charles seul roi des Francs.		
772-780	Premières expéditions en Saxe.		
774	Charlemagne, roi des Lombards.		

778	Expédition en Espagne ; massacre de l'arrière-garde carolingienne à Roncevaux.		
v. 781		Réforme monétaire.	
782			Alcuin et Paul Diacre à la cour de Charlemagne.
785	Soulèvement saxon.		
794			Début de la construction du palais d'Aix-la-Chapelle.
795	Raids vikings en Angleterre.		
796	Charlemagne prend le Ring des Avars.		
800	Couronnement impérial de Charlemagne à Rome.		
v. 800			Construction de l'oratoire de Théodulfe à Germigny-des-Prés.
814	Mort de Charlemagne. Règne de Louis le Pieux, unique héritier.		
816			Concile d'Aix-la-Chapelle : réforme des communautés religieuses.
821			Mort de saint Benoît d'Aniane et de Théodulfe.
v. 823			Plan du monastère de Saint-Gall.
840	Mort de Louis le Pieux.		

Dates	Faits militaires et politiques	Faits économiques et sociaux	Faits religieux et culturels
840-875	Raids vikings le long des côtes occidentales de l'Europe.		
842			Serments de Strasbourg.
843	Traité de Verdun : partage de l'empire de Charlemagne. Fin de l'iconoclasme à Byzance.		
845	Début du *Danegeld*.		
845-882			Hincmar, archevêque de Reims.
864			Début de la mission de Cyrille et Méthode auprès des Slaves.
877	Capitulaire de Quierzy-sur-Oise ; début de la formation des principautés territoriales.		
878	Installation des Danois en Angleterre.		
885	Echec des Vikings devant Paris.		
v. 890		Expansion commerciale de Venise.	
v. 900	Premiers ravages hongrois en Allemagne.		Début du culte de saint Jacques, à Compostelle en Galice.
900	Mort d'Alfred le Grand, roi d'Angleterre.		
902	La Sicile aux mains des Arabes.		

Année	Politique / Militaire	Économie / Société	Religion / Culture
909			Fondation du monastère de Cluny.
911	Traité de Saint-Clair-sur-Epte : la « Normandie » cédée à Rollon.		
914			Fondation du monastère de Brogne.
916	Les Sarrasins sont chassés de leur repaire du Garigliano (Latium).		
944		Les marchands amalfitains à Constantinople.	
v. 950		Début des grands défrichements et de la fortification des habitats.	
955	Otton Ier roi de Germanie vainqueur des Hongrois au Lechfeld.		
959			Réforme du monastère de Gorze.
962	Restauration de l'Empire par Otton Ier.		Floraison culturelle et artistique dans l'Empire.
967			Baptême du duc polonais Mierzko.
972			Fondation de l'évêché de Prague.
972-73	Les Sarrasins sont chassés de La Garde-Freinet (Provence).		
987	Couronnement de Hugues Capet roi de Francie occidentale.		

Dates	Faits militaires et politiques	Faits économiques et sociaux	Faits religieux et culturels
989			Concile de paix de Charroux (Poitou). Baptême du prince Vladimir de Kiev.
990-994			Conciles de paix du Puy-en-Velay.
992		Premier traité de commerce entre Byzance et Venise.	
1001	Etienne Ier roi de Hongrie (futur saint Etienne).		
Début XIe s.	Formation des royaumes chrétiens d'Espagne (Navarre, Castille, León).		
1003		Mort d'Otton III.	
1005-1006		Grande famine en Occident.	
1009			Nef voûtée à Saint-Martin du Canigou (Catalogne).
1020			Saint-Génis des Fontaines (Catalogne) : plus ancien linteau sculpté de style roman.
v. 1030 et ap.		Mouvement communal en Italie.	
1033-1035		Graves famines.	
1040-1048	Les Normands en Italie du Sud.		

1042-1066	Edouard le Confesseur, roi d'Angleterre.	
v. 1045		Début de l'essor de l'école monastique du Bec-Hellouin.
1054		Schisme entre l'Eglise d'Orient et l'Eglise d'Occident.
1054-1055		Mouvement des Patarins à Milan.
ap. 1058		Rayonnement littéraire du monastère du Mont-Cassin.
1059		Le pape est élu par le collège des cardinaux.
1065-1100		*La Chanson de Roland.*
1066	Bataille de Hastings : le duc de Normandie Guillaume conquiert l'Angleterre.	
1071	Les Turcs Seldjoukides écrasent les Byzantins à Mantzikert.	
1072		Mort de Pierre Damien.
1073-1086		Grégoire VII pape.
1074		Fondation de l'ordre des grandmontains.

Dates	Faits militaires et politiques	Faits économiques et sociaux	Faits religieux et culturels
1077	L'empereur Henri IV s'humilie devant le pape Grégoire VII à Canossa (Emilie).		
1084			Saint Bruno fonde les chartreux.
1085	Prise de Tolède par Alphonse VI de Castille.		
1086		Rédaction du *Domesday Book*.	
1088-1098			Urbain II pape.
1088-1130			Edification de la grande abbatiale de Cluny (Cluny III).
ap. 1090			Renommée de l'école chartraine.
1091	La Sicile aux mains des Normands.		
1094	Le Cid à Valence.		
1095		Vague d'antisémitisme.	Concile de Clermont en Auvergne : appel par le pape Urbain II à la première croisade.
1096			Fondation de Fontevraud par Robert d'Arbrissel.
1098			Fondation de Cîteaux par Robert de Molesmes.
1099	Prise de Jérusalem par les croisés.		

Date			
Fin XIᵉ s. et ap.			Cours d'amour en Aquitaine et littérature courtoise.
1108-1109	Communes à Noyon et Beauvais.		
1109			Mort de saint Anselme de Cantorbéry.
1112	Commune de Laon.		Saint Bernard entre à Cîteaux.
1119			Fondation de l'ordre des Templiers.
1122			Concordat de Worms. *Sic et non* de Pierre Abélard.
v. 1127	Chartes de franchises en Flandre.		
1128			Fondation de l'ordre des Hospitaliers de Jérusalem.
1130		Roger II, roi de Sicile.	
1132-1144			Reconstruction de l'abbatiale de Saint-Denis par l'abbé Suger : naissance de l'art gothique.
v. 1140		Le Portugal est érigé en royaume.	*Décret* de Gratien (mort en 1160).
1141			Pierre le Vénérable, abbé de Cluny, fait traduire le Coran en latin.
v. 1145			*Cantar de mio Cid.*
1147-1149		Deuxième croisade.	
1148	Fondation de Lübeck.		

Dates	Faits militaires et politiques	Faits économiques et sociaux	Faits religieux et culturels
v. 1150-1270		Essor des foires de Champagne.	
1152	Henri Plantagenêt épouse Aliénor d'Aquitaine.		*Sentences* de Pierre Lombard.
1152-1190	Règne de Frédéric Barberousse.		
1155		Charte de franchises de Lorris-en-Gâtinais.	
1167	Ligue des 22 villes lombardes, contre l'empereur Frédéric Barberousse.		
1167 et ap.			Expansion de l'hérésie cathare.
1170			Assassinat de Thomas Becket.
v. 1170			Conversion de Valdès : naissance du mouvement vaudois.
1175	Legnano : victoire des villes lombardes sur l'empereur.		
1183	Paix de Constance : la liberté des villes lombardes est reconnue.		
1187	Saladin prend Jérusalem.		
1189-1193	Troisième croisade.		
1191	Conquête de Chypre par Richard Cœur de Lion sur les Byzantins.		

Date			
1195			Fondation de l'ordre des chevaliers teutoniques.
1198-1215			Innocent III pape.
1200		Fondation de Riga.	
1202	Confiscation des fiefs de Jean-sans-Terre par Philippe Auguste.		
1202-1204	Quatrième croisade.		
1209			Début de la croisade albigeoise menée par Simon de Montfort.
1212	Victoire des chrétiens espagnols à Las Navas de Tolosa.	Philippe Auguste fait construire un mur d'enceinte autour de Paris.	
1213	Victoire de Simon de Montfort à Muret (croisade albigeoise).		
1214	Victoire de Philippe Auguste à Bouvines.		Premiers privilèges accordés à l'université d'Oxford.
1215	Grande Charte des barons anglais.		IVe concile du Latran. Statuts du légat Robert de Courçon pour l'université de Paris.
1217-1221	Cinquième croisade.		
1218-1250	Frédéric II empereur.		
1220 et 1231-1232	Privilèges concédés par l'empereur aux princes ecclésiastiques, puis laïcs, en Germanie.		
1221			Mort de saint Dominique.

Dates	Faits militaires et politiques	Faits économiques et sociaux	Faits religieux et culturels
1226			Mort de saint François d'Assise.
1228-1229	Sixième croisade.		
1229	Traité de Paris : annexion du Languedoc au domaine royal.		
1231-1233			Fondation de l'Inquisition.
v. 1234			Première partie du *Roman de la Rose* (Guillaume de Lorris).
1237		Ouverture de la route du Saint-Gothard.	
1238	Prise de Valence par le roi d'Aragon.		
1242	Victoire d'Alexandre Nevski sur les chevaliers teutoniques.		
1243-1248			Sainte-Chapelle de Paris.
1246			Jean de Plan Carpin, franciscain, chez les Mongols.
1248	Prise de Séville par le roi de Castille.		
1248-1256	Septième croisade.		
1252		Début de la frappe d'une monnaie d'or à Gênes et à Florence.	
1253-1254			Guillaume de Rubrouck en Mongolie.

1257	Fondation par Robert de Sorbon d'un collège parisien.		
1259			Traité de Paris : paix entre les royaumes de France et d'Angleterre.
1260	Mouvement des Flagellants.	Saint Louis interdit le duel judiciaire et les guerres privées.	
v. 1260	Rutebeuf : *Le miracle de Théophile.*		
1260-1270		Rédaction du *Livre des Métiers* par Etienne Boileau, prévôt de Paris.	
1264	Le pape Urbain IV instaure la Fête-Dieu (fête du Saint-Sacrement).		
1265	*Somme théologique* de saint Thomas d'Aquin.		
1265-1268			Charles d'Anjou, frère de Saint Louis, conquiert la Sicile.
1270			Huitième croisade ; mort de Saint Louis devant Tunis.
1271-1295		Voyages de Marco Polo en Chine et dans l'Asie du Sud-Est.	
1273			Rodolphe de Habsbourg, empereur.
v. 1275	Seconde partie du *Roman de la Rose* (Jean de Meung).		
1280	Mort de saint Albert le Grand.		

Dates	Faits militaires et politiques	Faits économiques et sociaux	Faits religieux et culturels
1282	Les Français chassés de Sicile (Vêpres siciliennes).		
1284		Frappe du ducat d'or à Venise.	
1291	Ligue perpétuelle entre les cantons de Schwyz, Uri et Unterwalden.		
1294-1303			Boniface VIII pape.
1302	Matines brugeoises : révolte des Flamands contre les Français.		
1303			Entrevue d'Anagni (Latium) entre Boniface VIII et le représentant du roi de France Philippe le Bel.
1307-1321			*La Divine Comédie* de Dante.
1314			Condamnation des Templiers.
1309			Les papes en Avignon.
1312		Les Génois aux Canaries.	
1315-1317		Grande famine en Occident.	
1322-1328		Révolte en Flandre maritime (les Karls).	
1327			Mort de Maître Eckhart.
1328	Philippe VI de Valois roi de France.		

v. 1335-1362			Palais des papes en Avignon.
1337	Edouard III d'Angleterre revendique la couronne de France.		Mort du peintre Giotto.
1340	Bataille navale de l'Ecluse.		
1346	Bataille de Crécy.		
1346-1378	Charles IV roi de Bohême, empereur.		
1347	Prise de Calais par les Anglais.		Université de Prague.
1347-1348		Premier grand retour de la peste en Occident. Antisémitisme.	
1348			Mort de Guillaume d'Ockham.
1349			Réveil des Flagellants.
1356	Bataille de Poitiers.		
1358		Révolte de la Jacquerie dans le royaume de France.	
1360	Traité de Brétigny.	Les Grandes Compagnies ravagent les campagnes.	
1374			Mort de Pétrarque et de Boccace.
1377			Retour du pape à Rome.
1378-1417			Grand Schisme d'Occident.
1378		Révolte des *Ciompi*, à Florence.	

Dates	Faits militaires et politiques	Faits économiques et sociaux	Faits religieux et culturels
1381		Révolte des Travailleurs en Angleterre.	
1384			Mort de Wiclif.
1388	La Confédération suisse est reconnue par les Habsbourg.		
1392	Folie de Charles VI, roi de France.		
1400			Mort du poète anglais Chaucer.
1413		Mouvement cabochien à Paris.	
1414-1418			Concile de Constance.
1415	Bataille d'Azincourt.		Condamnation de Jean Hus par le concile de Constance.
1419-1433	Guerres hussites.		
1420	Traité de Troyes : Henry V d'Angleterre, roi de France.		
1427		Les Portugais aux Açores.	
1429	Sacre du dauphin Charles à Reims grâce à Jeanne d'Arc.		
1431			Condamnation de Jeanne d'Arc.
1432			Polyptyque de l'*Agneau Mystique* (frères Van Eyck).

1438		Pragmatique Sanction de Bourges.
1442	Conquête du royaume de Naples par le roi d'Aragon.	
1444		Les Portugais aux îles du Cap Vert.
1446		Mort de Brunelleschi.
1447-1455		Mise au point de l'imprimerie (1455 : Bible de Gutenberg).
1450	Bataille de Formigny.	
1453	Prise de Constantinople par les Turcs ; bataille de Castillon.	
1453-1485	Guerre des Deux-Roses en Angleterre.	
ap. 1453		Mort du poète François Villon.
1456		Réhabilitation de Jeanne d'Arc.
1460		Mort de l'infant portugais Henri le Navigateur.
1465		Mort du prince-poète Charles d'Orléans.
v. 1470		Début des *enclosures*.
1471		Mort de Thomas a Kempis, auteur de l'*Imitation de Jésus-Christ*.

Dates	Faits militaires et politiques	Faits économiques et sociaux	Faits religieux et culturels
1474	Mariage d'Isabelle de Castille et Ferdinand d'Aragon.		
1477	Mort de Charles le Téméraire.		
1478			Le pape autorise les rois d'Espagne à nommer les inquisiteurs dans leurs royaumes.
1488		Le Cap de Bonne-Espérance doublé par des navigateurs portugais.	
1492	Prise de Grenade par les armées des rois catholiques.	Découverte de l'Amérique par Christophe Colomb.	Mort du peintre Piero della Francesca.
1493-1519	Maximilien de Habsbourg empereur.		
1494	Traité de Tordesillas.		
1494-1495	Charles VIII à Naples.		
1498		Vasco de Gama atteint l'Inde par mer, à Calicut.	
1500-1501	Louis XII à Naples et Milan.		

Tableaux généalogiques simplifiés et cartes

PIPPINIDES

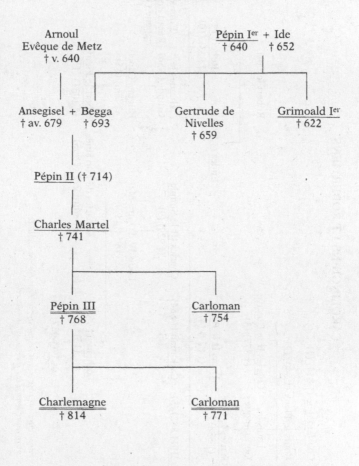

Arnoul
Evêque de Metz
† v. 640

Pépin Ier + Ide
† 640   † 652

Ansegisel + Begga
† av. 679   † 693

Gertrude de
Nivelles
† 659

Grimoald Ier
† 622

Pépin II († 714)

Charles Martel
† 741

Pépin III
† 768

Carloman
† 754

Charlemagne
† 814

Carloman
† 771

————— *maires du palais*
═════ *rois*

CAROLINGIENS ET ROBERTIENS

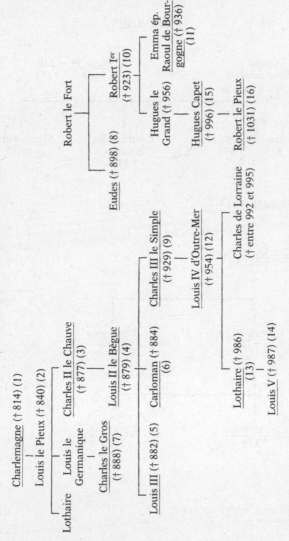

Louis III : *empereurs ou rois ayant régné sur la Francie occidentale.*
(4) : *ordre dans lequel les rois se sont succédé.*

CAPÉTIENS DIRECTS ET VALOIS

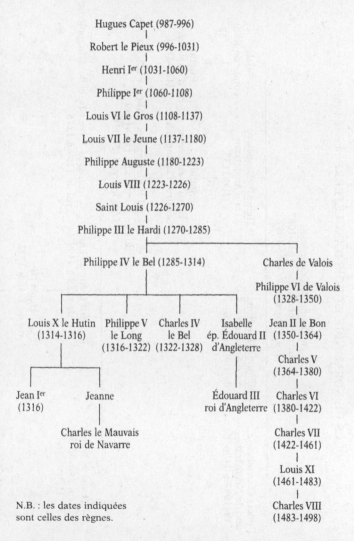

Hugues Capet (987-996)
|
Robert le Pieux (996-1031)
|
Henri Ier (1031-1060)
|
Philippe Ier (1060-1108)
|
Louis VI le Gros (1108-1137)
|
Louis VII le Jeune (1137-1180)
|
Philippe Auguste (1180-1223)
|
Louis VIII (1223-1226)
|
Saint Louis (1226-1270)
|
Philippe III le Hardi (1270-1285)

Philippe IV le Bel (1285-1314)　　　Charles de Valois
|
Philippe VI de Valois
(1328-1350)

Louis X le Hutin　Philippe V　Charles IV　Isabelle　Jean II le Bon
(1314-1316)　le Long　le Bel　ép. Édouard II　(1350-1364)
(1316-1322)　(1322-1328)　d'Angleterre

Charles V
(1364-1380)

Jean Ier　Jeanne　Édouard III　Charles VI
(1316)　　roi d'Angleterre　(1380-1422)

Charles le Mauvais　Charles VII
roi de Navarre　(1422-1461)

Louis XI
(1461-1483)

N.B. : les dates indiquées
sont celles des règnes.　Charles VIII
(1483-1498)

J.-F. Lemarignier, *La France médiévale, Institutions et Société*, Paris, Colin, 1970, pp. 105 et 226.

DUCS DE NORMANDIE ET ROIS D'ANGLETERRE depuis 1066

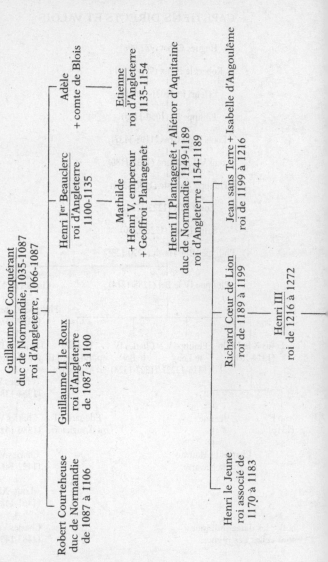

Guillaume le Conquérant
duc de Normandie, 1035-1087
roi d'Angleterre, 1066-1087

Robert Courteheuse
duc de Normandie
de 1087 à 1106

Guillaume II le Roux
roi d'Angleterre
de 1087 à 1100

Henri Iᵉʳ Beauclerc
roi d'Angleterre
1100-1135

Adèle
+ comte de Blois

Étienne
roi d'Angleterre
1135-1154

Mathilde
+ Henri V, empereur
+ Geoffroi Plantagenêt

Henri II Plantagenêt + Aliénor d'Aquitaine
duc de Normandie 1149-1189
roi d'Angleterre 1154-1189

Henri le Jeune
roi associé de
1170 à 1183

Richard Cœur de Lion
roi de 1189 à 1199

Jean sans Terre + Isabelle d'Angoulême
roi de 1199 à 1216

Henri III
roi de 1216 à 1272

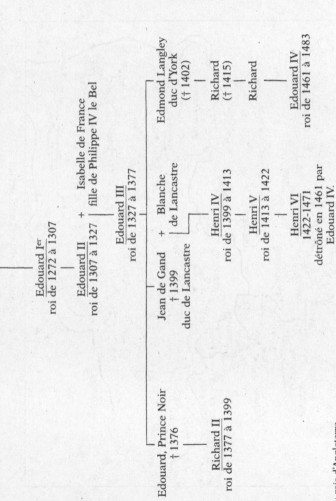

Edouard Ier
roi de 1272 à 1307

Edouard II + Isabelle de France
roi de 1307 à 1327   fille de Philippe IV le Bel

Edouard III
roi de 1327 à 1377

Edouard, Prince Noir
† 1376

Richard II
roi de 1377 à 1399

Jean de Gand + Blanche
† 1399   de Lancastre
duc de Lancastre

Henri IV
roi de 1399 à 1413

Henri V
roi de 1413 à 1422

Henri VI
1422-1471
détrôné en 1461 par
Edouard IV.

Edmond Langley
duc d'York
(† 1402)

Richard
(† 1415)

Richard

Edouard IV
roi de 1461 à 1483

Henri III : rois d'Angleterre

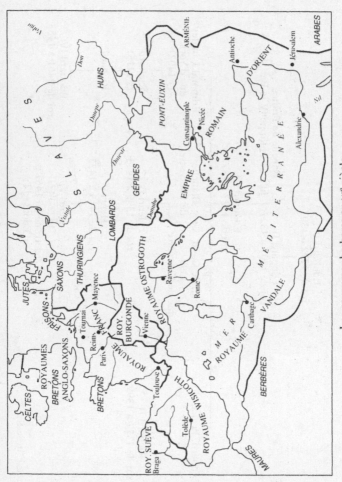

Les royaumes barbares au VIe siècle

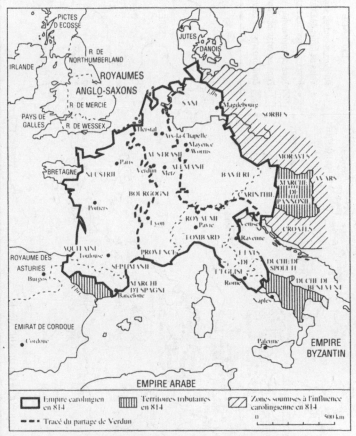

L'empire carolingien et le partage de Verdun (843)
d'après R.-S. Lopez, *Naissance de l'Europe, V^e-XIVe siècle*, Paris, A. Colin, 1962.

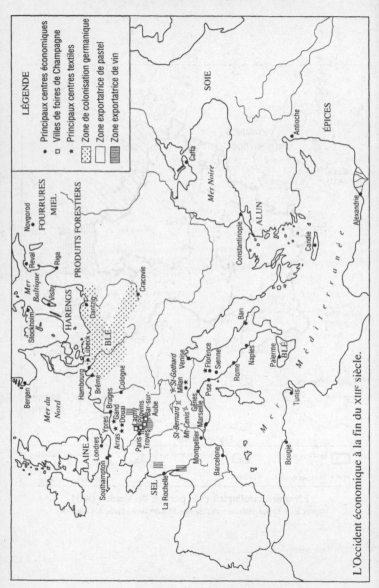

LÉGENDE

- ● Principaux centres économiques
- □ Villes de foires de Champagne
- ★ Principaux centres textiles
- Zone de colonisation germanique
- Zone exportatrice de pastel
- Zone exportatrice de vin

L'Occident économique à la fin du XIIIe siècle.

Archevêchés et universités en Occident

d'après J. Le Goff, *La Civilisation de l'Occident médiéval*, Paris, Arthaud, 1964.

L'Occident monastique et religieux
d'après J. Le Goff, *La Civilisation de l'Occident médiéval*, Paris, Arthaud, 1964.

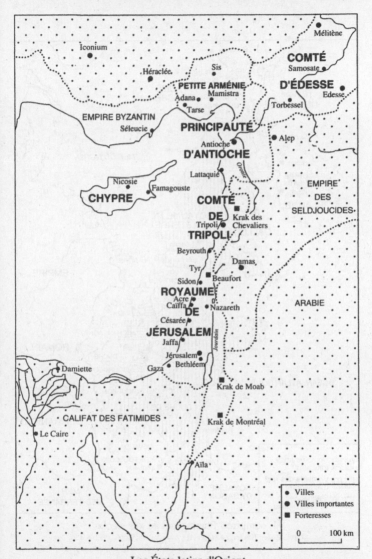

Les États latins d'Orient

d'après Christophe Brooke, *L'Europe au milieu du Moyen Age 952-1154*, Paris, Sirey, 1967, p. 337.

L'«empire» Plantagenêt au XIIe siècle
d'après Robert Fossier, *Le Moyen Age, tome 2*, Paris, Colin, 1982, p. 136.

La guerre de Cent Ans, première phase.

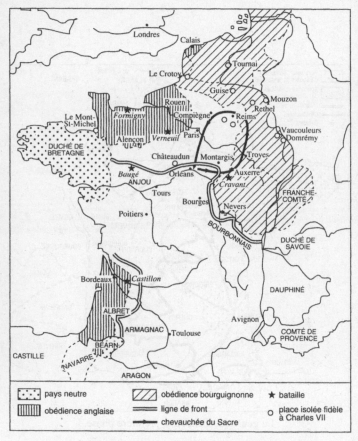

La guerre de Cent Ans : seconde phase

d'après Bernard Chevalier, *L'Occident de 1280 à 1492*, Paris, Colin, 1969, p. 100 et 141.

L'Europe des États à la fin du Moyen Âge

d'après M. Kaplan dir., *Le Moyen Âge, XIe-XVe siècle*, Paris, Bréal, 1994, p. 313.

L'Europe des États à la fin du Moyen Âge

Index des principales notions[1]

Abbaye de jeunesse : **135**.
Adoubement : **69**.
Ager : **26**.
Aides : **143**.
Alleu : **25**, 78.
Antrustion : **25**.
Apanage : **146**.
Archevêque : 30, **46**, 147.
Archichapelain : 42.
Arianisme : 23, 24, **29**, 30.
Arts libéraux : **37**, 45, 110, 117.
Assolement : **73**.
Astrolabe : **168**.
Aumônerie : **152**.
Avoué : **52**.

Bailli, bailliage : **126**, 142, 143.
Ban : **22**, 60, 77-80, 87, 95.
Banalités : **77**.
Banvin : **77**.
Barbare : **17**, 19-26, 28.
Bastide : **88**.
Béguine, béguinage : **108**.
Bénéfice : **52**, 57, 95.
Bénéfice ecclésiastique : **66**, 95, 122, 150, 152, 153, 155.
Bonne ville : **141**.
Borde : **73**.
Bourgeoisie, droit de : **88**.
Brassier : **81**.

Capitaine : **143**.
Capitulaire : **11**, 41, 43, 44, 47, 53, 94.
Caravelle : **168**, 169.

Cardinal : **98**, 153.
Castrum : **26**, 88.
Casuel : **154**.
Cathédrale : 16, **31**, 32, 35, 36, 44, 46, 52, 92, 99, 103, 147.
Cénobite : **33**.
Cens : **76**.
Centenier : **43**.
Chambre apostolique : **152**.
Champart : **76**.
Chancelier, chancellerie : 12, **14**, 42, 45, 152, 165.
Chanoine régulier : **99**, 159.
Chanoine séculier : 11, 14, **46**, 99, 103.
Chanson de geste : 13, **70**.
Chapelain : **32**, 157.
Chapitre : **31**, **46**, 98.
Charte : 9, 11, **15**, 62, 80.
Charte de franchises : **80**.
Chevage : **79**.
Chevalerie : 13, 65, **68**-70, 123, 145, 146.
Chevalier : 6, 13, **67**-70, 72, 119, 121, 123, 145.
Chevauchée : **144**.
Cité : **23**, 26, **31**, 32, 33, 36, 46, 86-88.
Cogue : **84**.
Colée : **68**.
Collegantia : **85**.
Collège : **110**, 162.
Commise : **66**.
Commune, mouvement communal : 9, **89**, 122.

1. Le numéro porté en gras indique la page où figure leur définition.

Compagnie à succursales : **137**.

Compagnon, compagnonnage : **91**, 134.

Comte : **23**, 24, 26, 31, 43, 52, 58-61, 85, 127, 135, 148, 151, 153.

Comté : **43**, 58, 120, 126, 127, 148.

Condottiere : **148**.

Confrérie : 91, 107, **135**, 157.

Consolamentum (sacrement cathare) : **103**.

Conseil seigneurial : 65.

Conseil du roi : 125, **141**.

Consul : **90**.

Contado : **89**.

Cour féodale : 25, 30, **65**, 66, 123, 141.

Cour royale : 22, 30, 124, **125**, 127, 144, 163.

Corvée : **26**, 48, 76, 80, 133.

Croisade : 65, 69, 118-122 (**119**), 126, 127, 131, 167.

Curé : **105**, 155.

Curtis (cour d'un grand domaine rural) : **48**.

Danegeld : **54**.

Décime : **152**.

Denier (monnaie) : **49**.

Dépouilles, droit de : **152**.

Devotio moderna : **159**.

Dîme : **47**.

Diocèse : **31**, 32, 34, 35, 37, 44, 46, 94, 98, 99, 105, 155, 160.

Diplôme, diplomatique : 14, **15**.

Domaine royal : 123, **124**, 126, 127, 142.

Donation de Constantin : **165**.

Drakkar : **53**.

Drang nach Osten : **118**.

Drapier : **83**, 134.

Droit canon : **96**, 99, 150, 162.

Droit du meilleur catel : **79**.

Duc : **51**, 58, 60, 62, 65, 93, 119, 123, 143, 146, 147, 164.

Duché : 21, **51**, 58, 118, 126, 127, 148.

Échevin : **89**.

Échiquier : **125**.

Écolâtre : **109**.

Écu : **68**.

Élu : **143**.

Enclosures : **136, 137**.

Entrée royale : **141**.

Ermite : 6, 14, **33**, 73.

Essart : **73**.

États généraux : **143**.

États pontificaux (Patrimoine de saint Pierre) : 21, 151, 165.

Évêque : 11, 14, 17, 26, 28-36 (**31**), 40, 44-46, 58, 62, 65, 88, 89, 94, 95, 98, 99, 106, 109, 155, 165.

Exarchat : **21**.

Exemption : **94**.

Fabrique : **155**.

Facteur : **137**.

Faculté : **110**, 162.

Faide : **24**.

Familia : **63**.

Faubourg : **26**, 49, 87.

Fédérés : **18**, 23.

Fermage : **133**.

Fief : **65**-67, 124, 127.

Fisc, biens du : **22**, 23, 43, 47, 52.

Foire : **85**, 88, 138.

Formariage : **79**.

Franchises : **80**, 81, 89.

Frérêche : **135**.

Fueros : **119**.

Funduk : **85**.

Gabelle : **143**.

Gasindi : **25**.

Gothique, art : 8, 92, 105, 112, 114-117 (**116**), 163, 164.

Gouvernail d'étambot : **168**.

Grand domaine : 26, 32, 47, **48**, 72, 76, 79, 83.

Grande Compagnie : **145**.

Groupe épiscopal : **37**.

Guilde : **90**, 91.

Hanse : **84**, 138.
Haubert : **68**.
Heaume : **68**.
Heures, prière des : 32, **35**.
Hommage : **65**, 66.
Hommage en marche : **127**.
Hommage-lige : **66**, 124.
Honneur : **52**.
Hospice, hôpital : **107**.
Hospitalité, régime de l' : **25**.
Hôtel du roi : **125**, 141.
Hôtise : **76**.
Household : **141**.

Iconoclasme : **112**.
Immunité : **43**, 47, 51, 94, 95.
Incastellamento : **78**.
Incunable : **166**.
Indulgences : 149, **157**.
Inquisition : **104**.
Inquisition espagnole : **149**.
Investiture : **98**, 122, 150.

Jubilé : **149**.

Knarr : **53**.

Laboureur : **81**.
Langskip : **53**.
Lectio divina : **109**.
Légat : **98**.
Légiste : **142**, 151.
Lettre de change : **137**.
Leudes : **24**.
Lieutenant : **143**.
Limes : **18**.
Littérature courtoise : **70**.
Livello, contrat de : **78**.
Livre (monnaie) : **49**.
Livre d'Heures : **158**, 163.
Lods et ventes : **76**.

Mainbour : **25**.
Mainmorte : **79**.
Maire du palais : **22**, 30, 40.
Maison du pape : **152**.
Mallus : **43**.
Manse : **26**, 48, 76.

Marche : 41, **51**.
Margrave : **147**.
Marguillier : **32**.
Marquis : **51**, 60.
Masure : **76**.
Matricule des pauvres : **32**.
Métayage : **133**.
Métier, métier-juré : 83, 90, 91, 134, 136.
Métropolitain : **46**.
Ministériaux : **77**, 123, 126.
Miracles : **156**.
Miroirs des Princes : 13, **95**, 139.
Missus dominici : **43**.
Mouvements de paix : **62**, 68, 89.
Mude : **85**.
Mund : **22**, 25.
Mystères : **156**.

Nation : **110**.
Nef (navire) : **84**.
Nicolaïsme : **99**.
Nomisma : **26**.

Œuvres de miséricorde : **107**.
Officiers seigneuriaux : **42**, 90.
Officiers royaux : 139, 141, 143.
Ordalie : **24**.
Ordre de chevalerie : 69, **146**.
Ordre militaire : **69**, 119.

Pagus : **23**, 43.
Parfaits cathares : **102**, **103**, 104.
Pariage : **75**.
Parlement anglais : **125**, 143.
Parlement français : **125**, 142.
Paroisse : 16, **32**, 33, 46, 95, 98, 105, 106, 154, 155, 156, 160.
Patriciat urbain : **90**.
Patrimoine de saint Pierre : voir États pontificaux.
Pénitence tarifée : **35**.
Pénitencerie : **152**.
Pénitents : **35**, 108.

Pénitentiels : **36**.
Personnalité des lois : **23**.
Pietà : **164**.
Plaid général : **42**.
Polyptyque : **47**.
Portus : 49, **87**.
Portion congrue : **155**.
Portulan : **168**.
Prévôt : 91, **126**.
Prieur, prieuré : **94**.
Princes électeurs d'Empire : **147**.
Principauté territoriale : **58**, 146, 148.
Province ecclésiastique : **46**.

Quadrivium : **37**.

Recluse : **108**.
Reconquête : **58**, 69, 107, 167, 169.
Regalia : **141**.
Relief, droit de : **67**.
Renaissance : **128**, 164, 167.
Renaissance carolingienne : 6, **42**, 43, 56, 108.
Renaissance ottonienne : **57**, 108.
République urbaine : 123.
Réserve : **26**, 48, 76.
Roman, art : 92, 105, 112-**114**.
Rote, tribunal de la : **152**.

Sacre : 29, **30**, 40, 124, 141.
Sacré collège des cardinaux : **153**.
Saltus : **26**.
Sauveté : **62**, 73.
Sceattas : **27**.
Schisme : **121**.
Schisme, Grand : 148, 149, 150, **153**.
Scolastique : 8, **111**, 116, 162.
Scriptorium (au pluriel *scriptoria*) : **12**.
Seigneur : **60**, 61, 63, 65-67, 69, 70, 72-77, 81, 82, 88, 89, 95, 98, 103, 124, 126, 133, 141, 163.

Seigneurie : **61**, 63, 77-79, 81, 82, 94, 95, 105, 132.
Seigneurie foncière : **76**-79.
Seigneurie banale : **77**.
Seigneurie personnelle : 79.
Sénéchal, sénéchaussée : **127**, 142.
Sentences : **110**.
Sépulture *ad sanctos* : **36**.
Serf : **78**, 79.
Serment : 42, 52, 57, 62, **65**, 89, 91.
Servage : 7, **79**-81, 133.
Sheriff : **126**.
Simonie : **99**.
Sire : **61**, 68, 95, 124.
Société de mer : **85**.
Sou (monnaie) : 26, **49**.
Suburbium : **26**.
Suffragant : **46**.
Suzerain : **125**.

Taille : **77**, 80, 143.
Tenancier : **48**, 76, 77, 79, 108.
Tenure : **76**.
Théocratie pontificale : **151**.
Tiers ordre : **158**.
Tonlieu : **23**, 49, 60, 142.
Tournoi : **69**.
Trêve de Dieu : **62**.
Trivium : **37**.

Université : 11, **109**, 111, 147, 162.

Valet : **91**, 134.
Vassal : **65**-67, 69, 95, 127.
Vassus dominici : **52**.
Vergeld : **24**.
Vicaire : **155**.
Vicomte : **43**.
Vicus : **49**.
Vidame : **52**.
Vie (de saint) : **14**.
Viguier : **43**.
Vilainage : **76**.
Villa : **26**.
Villeneuve : **73**.
Visite *ad limina* : **152**.

Table des documents

Schémas

Le château du comte de Flandre à Gand (xıı^e-xıı^e siècle). .   64
Assolement et rotation des cultures d'après l'exemple du finage d'un village anglais de l'Oxfordshire, Cuxham   74
La croissance urbaine de Reims   87
Plan de l'abbaye cistercienne de Fontenay, xıı^e siècle (Côte-d'Or)   100
L'art roman (exemple de l'église de Saint-Savin-sur-Gartempe, Vienne)   113
L'art gothique (exemple de la cathédrale d'Amiens)   115

Tableaux généalogiques simplifiés

(des tableaux plus complets figurent dans les ouvrages cités en bibliographie)

Pippinides   199
Carolingiens et Robertiens   200
Capétiens directs et Valois   201
Ducs de Normandie et rois d'Angleterre, depuis Guillaume le Conquérant   202

Cartes

Les royaumes barbares au vı^e siècle   204
L'Empire carolingien et le partage de Verdun (843)   205
L'Occident économique à la fin du xııı^e siècle   206
Archevêchés et universités en Occident   207
L'Occident monastique et religieux   208
Les Etats latins d'Orient   209
L'« empire » plantagenêt au xıı^e siècle   210
La guerre de Cent Ans : première phase   211
La guerre de Cent Ans : seconde phase   212
L'Europe des Etats à la fin du Moyen Age   213

Table des documents

Schémas

Le cellier au deuxième Plan, ou Claude von une vache,
boufferie et copulier, des cultures d'après l'exemple ... 91
... d'un village animale de l'architecture explicait ... 97
La couvrance urbaine de Reims ... 117
Plan d'Taniere matricenne de Kentenay XIIᵉ siècle (Caix
d'Or) ... 115
... Léon romano-gécolique de l'église de Saint-Savin-sur-Gartempe, Vienne ... 117
Plan romain de l'explitte de briquisante d'Amerbe ... 115

Tableaux généalogiques simplifiés

(des tableaux plus complets figurent dans les ouvrages cités
en bibliographie)

Empire des 125
Carolingiens et 136
Capetiens direct de Valois 201
Ducs de Normandie et rois d'Angleterre, depuis Guillaume
le Conquérant 217

Cartes

I. L'expansion islamique au VIIᵉ siècle 205
L'empire carolingien et le partage de Verdun (843) ... 205
L'Occident chrétien à la fin du XIᵉ siècle ... 205
Architecture et urbanité en Occident ... 207
L'Occident monastique et religieux ... 207
Les Croisades (Croix) ... 209
L'empire « plantagenêt » au XIIᵉ siècle 215
La guerre de Cent ans : première phase ... 217
La guerre de Cent ans : seconde phase ... 222
L'Europe des États à la fin du Moyen Age 221

Table des matières

Introduction 5
    UN ÂGE INTERMÉDIAIRE ?
    Le Moyen Age, l'une des quatre périodes de l'his-
    toire ; Haut Moyen Age, Moyen Age central, Moyen
    Age tardif ; un temps propre à l'histoire de l'Occi-
    dent ; réputé sombre ; récemment réhabilité.
    COMMENT CONNAÎT-ON LE MOYEN ÂGE ?
    Un volume de sources maîtrisable ; le temps du livre
    rare ; les sources littéraires ; les sources de la prati-
    que ; l'apport récent des sources matérielles.

Première partie

HAUT MOYEN AGE

Chapitre I — LE TEMPS DES ROYAUMES BARBARES 17
    Des incursions barbares... ; ...aux royaumes barba-
    res ; l'unification d'une société mixte ; le basculement
    vers le nord des pôles économiques.

Chapitre II — LA CHRISTIANISATION DE L'OCCIDENT 28
    Convertir d'abord les princes ; évêques et moines ;
    l'élaboration d'une culture chrétienne.

Chapitre III — LES AMBITIONS CAROLINGIENNES 39
    L'Occident réunifié en un empire ; renaissance politi-
    que, culturelle et religieuse ; une courte embellie éco-
    nomique.

Chapitre IV — LA RUPTURE DE L'UNITÉ 50
    L'éclatement de l'Empire ; les dernières invasions ;
    l'Occident à l'aube de l'essor.

Deuxième partie

MOYEN AGE CENTRAL

Chapitre V — L'ÂGE FÉODAL : PRINCES ET SIRES 60
  Les nouveaux maîtres du pouvoir ; seigneurs et vassaux ; le monde de la chevalerie.

Chapitre VI — LE GRAND ESSOR DES CAMPAGNES OCCIDENTALES 71
  Les signes de l'expansion ; seigneurie foncière et seigneurie banale ; servage et franchises.

Chapitre VII — FLORAISON URBAINE ET COMMERCIALE ... 82
  Augmentation de la production artisanale et des échanges ; la renaissance urbaine ; une société originale.

Chapitre VIII — LA CONSTRUCTION DE LA CHRÉTIENTÉ ... 93
  L'Eglise dans la société féodale ; la réforme grégorienne ; la libre expression des consciences et les risques de l'hérésie.

Chapitre IX — LA VIE DE L'ÂME ET DE L'ESPRIT 105
  Les gestes de la foi ; une foi en quête d'intelligence ; un art à la louange divine.

Chapitre X — L'EXPANSION DES ROYAUMES 118
  L'expansion occidentale ; les croisades ; la féodalisation de l'Empire ; les royaumes de France et d'Angleterre, frères ennemis.

Troisième partie

MOYEN AGE TARDIF

Chapitre XI — CRISES ET RECONSTRUCTION 128
  La conjonction des fléaux ; une société en recomposition ; vers un nouvel essor.

Chapitre XII — NAISSANCE DES ÉTATS MODERNES 139
  La majesté royale dans tout son éclat ; le poids de l'administration ; le choc des deux grands : la guerre de Cent Ans ; vers la géographie politique de l'Europe moderne.

Chapitre XIII — L'ÉGLISE À LA VEILLE DE LA RÉFORME ... 150
Heurs et malheurs de la centralisation pontificale ;
les fruits de l'élan pastoral ; les cheminements divers
des âmes les plus exigeantes.

Chapitre XIV — L'OUVERTURE D'HORIZONS NOUVEAUX 161
Les derniers feux de la culture médiévale ; les premières générations de l'humanisme ; l'élargissement
du monde.

Bibliographie 171

Repères chronologiques 177

Tableaux généalogiques simplifiés et cartes 199

Index des principales notions 215

Table des documents 219

PAPIER À BASE DE
FIBRES CERTIFIÉES

Le Livre de Poche s'engage pour
l'environnement en réduisant
l'empreinte carbone de ses livres.
Celle de cet exemplaire est de :
400 g éq. CO$_2$
Rendez-vous sur
www.livredepoche-durable.fr

Achevé d'imprimer en octobre 2014, en France par
CPI Bussière à Saint-Amand-Montrond (Cher)
N° d'imprimeur : 2012230.
Dépôt légal 1re publication : avril 1995.
Édition 11 – octobre 2014
LIBRAIRIE GÉNÉRALE FRANÇAISE – 31, rue de Fleurus – 75278 Paris Cedex 06